智元微库
OPEN MIND

成 长 也 是 一 种 美 好

结构化复盘

打造能拿结果的进化型团队

孙波 / 著

人民邮电出版社

北京

图书在版编目（CIP）数据

　　结构化复盘 ：打造能拿结果的进化型团队 / 孙波著 .
北京 ： 人民邮电出版社， 2024. -- ISBN 978-7-115
-65053-5

　　Ⅰ. C936-49

　　中国国家版本馆 CIP 数据核字第 2024MB7492 号

◆　　　　著　　孙　波
　　　责任编辑　林飞翔
　　　责任印制　周昇亮
◆人民邮电出版社出版发行　　　　北京市丰台区成寿寺路 11 号
　　邮编 100164　　电子邮件 315@ptpress.com.cn
　　网址 https://www.ptpress.com.cn
　　天津千鹤文化传播有限公司印刷
◆开本：720×960　1/16
　　印张：17.75　　　　　　　　　2024 年 10 月第 1 版
　　字数：200 千字　　　　　　　2025 年 8 月天津第 3 次印刷

定　价：69.80 元
读者服务热线：（010） 67630125　印装质量热线：（010） 81055316
反盗版热线：（010） 81055315

推荐序

以前做咨询顾问时，我做过不少规划、体系建设、能力提升的项目，这些项目通常和变革相关，主要聚焦在企业层面的 why（为什么做）、what（做什么）和 how（怎么做）上。后来我在企业内部做人才培养工作，关注点自然延伸扩展到更加具体的 how（怎么做）、when（何时做）和 who（谁来做）等方面，并对 result（结果）负责。而当一个个 result 产生时，会自然浮现下一个问题"so what？"（所以呢？）。

问"so what？"这个问题是自讨苦吃，也是自我闭环，是希望能给企业、给客户、给团队，当然也给自己一个说得过去的交代。交代清楚了，就可以坦诚面对，具体的事情也算关闭了，可以放下过往种种继续前行。这个内在逻辑无限循环，贯穿了我的整个职业生涯，其中有些事容易关闭，有些则要花很长时间才能关闭，其中耗费的心力和时间大概只有自己知道。

因此，当孙波老师提出让我给她的新书《结构化复盘：打造能拿结果的进化型团队》作序时，我的确是诚惶诚恐的，觉得自己做得不够好，担心辜负了信任。后来，孙老师陆续发了一些文稿给我，真正深入阅读文字后发现，孙老师及其团队大量的实践证明，有很多朋友和我一样，都渴望通过不断努力让自己的工作和生活越来越轻松，在对一件事情进行"闭环"的过程中既不肯放弃对较高标准的追求和坚持，又不想陷入内耗的陷阱，愿意相信逻辑和理性的力量，还希望不断成长。也就是说，我们是一群"既要又要还要"的人。我们很希望得到实用朴素的指导，有称手的工具和说明书，有一些经验教训可以借鉴。

为此，和大家一样，我和团队广泛收集过各种工具和方法，有的工具或方法过于复杂，有的不适合实际情况。几年前，我发现孙老师团队上线了一套复盘方法的视频课，视频内容短小精悍、清新脱俗，我们在实际工作中使用和验证后，将它推广给了全公司。这门课在内部学习平台上点击率一直保持领先，这给了我们更大的信心。我们进一步探索复盘方法在企业不同场景中的应用，最常见的是项目复盘和经验萃取，也有提振团队士气、部门定期检讨、组织调整和重组业务的过程管理等各式各样的应用，可谓百花齐放。

在摸索尝试中，我们切实感受到，如果能把逻辑和方法吃透，化整为零地灵活运用线上学习方法和线下研讨方式，确实能帮助更多的同事在埋头苦干一阵子后厘清思路，形成团队深度学习、共同积累经验的氛围，让在一线干活的人能借助工具的力量把工作"越干越活"。

此外，复盘还能让我们更好地从"无序"中学习。现实中，变化总是令人猝不及防的，信息总是分散混乱的。作为普通的劳动者，我们在日常生活中要处理很多事，应对各种情况，但我们的成长正源于此。如果期待一切都是有序的、可预见的，那么这可能会让我们的竞争力越来越弱；而应对变化和无序，只能在探索中勇敢前行，在无序中一次次找到新的平衡。成功了自不必说，而从失衡到平衡，其中必然会产生浪费和失败，于个体和团队而言它是真实的披星戴月、抱头痛哭的经历，也是让人默默承受委屈、失落和沮丧的过程，更是获得宝贵的肥料的机会。这些肥料会成为促进下一个突破和创新萌芽的沃土。因此，结果产生之后的坦诚面对、理性分析，以及情绪接纳和情感连接，在这个时代显得尤为重要，一个有机健康的"关闭"可能是创造力、想象力的下一次"打开"。

从我的个人体验看，复盘是"关闭"的最好方法。它可以很简单，也可以比较综合、复杂，运用之妙存乎一心，而体会到妙处，是需要付出额外努力的。孙老师的这本书不仅仅是工具方法的指导书，更是有温度、有诚意地将人和事结合在一起，帮助朋友们借助有逻辑、有步骤、能拆解的方法，能高效地"知其然，更知其所以然"，令个人能接纳自己、更自信地成长，使团队能激发活力、积累实力，增强互赖与信任，让我们在保持初心这条路上可以走得更有信心、视野更开阔。

谨以我的团队和我的一点点经验分享给大家，感谢孙老师的信任，希望可以互相激发，与更多的同路人共勉。

吕楷之

京东方大学堂副校长　惠普商学院执行院长

2024 年 6 月 8 日

前言

我在 2016 年成立了一家小型的咨询公司，当时有四五名顾问为客户提供培训或一些小型的咨询项目。在每年年初，公司都会制订新一年的工作目标和计划，其中一个重要的部分就是确定新的一年里，我们都要做哪些市场活动，例如要举办几次沙龙，或者要参加哪些行业大会等。说实话，每次制订计划都相当随意，随便拍一拍脑袋就决定了，在执行的过程中计划也会变来变去，和年初真正想做的大相径庭。

在公司成立三年后，我们终于意识到这样做不太科学，于是想到是不是可以对过去几年做过的市场活动先进行一次"复盘"，再制订新一年的计划。在产生"复盘"这个想法的时候，我们几个核心骨干都非常兴奋，大家都觉得有机会进行一次有针对性的、深入的交流和碰撞，整个讨论过程一定会非常有趣。

于是，在一个阳光明媚的下午，我们坐在了办公室的大桌子前，准备对市场活动进行复盘。当时，我作为主持人，对复盘的方法一知半解。我把过去几年做过的市场活动都罗列在大白板纸上，很多与过往市场活动相关的数据都是缺失的，我让每个人都说说自己的感想和感受，比如哪个活动好，哪个活动不好，为什么不好，等等。

接下来，这个讨论就不受我的控制了。

我惊讶地发现对于同一个活动，有人认为市场效果好，有人则认为市场效果不好，大家的看法完全不同。于是大家开始讨论起来，市场活动的目标到底是什么：是获客，还是带来一定的收益，又或是增加声量就可以了？在还没有对这个问题达成共识的时候，又有人突然提出了一个建议——未来开展市场活动应该多利用社交新媒体，于是大家又开始就这个话题讨论起来，有人详细说了其他公司都做了什么，然后感慨我们好像没有人力能做得这么复杂，于是这个讨论又戛然而止。

总之，我的感受是讨论的话题跳来跳去，每个问题都没有得出什么结论，未能达成共识，研讨的过程也暴露出很多大家认知不一致的地方，谁也没办法说服谁。大家普遍认为公司有做得不好的地方，但又都觉得和客观条件限制有关系，没什么可以改进的，于是没了下文。

很快3小时过去了，我们似乎对市场活动有了更深入的了解，但是在接下来制订新一年的计划时，还是在"拍"该如何进行，对过去的复盘并没有对接下来的行动计划起到明显的帮助。到了下一年结束的时候，我发现我们曾经遇到的问题还是在反复出现。

这可能就是一个管理者在最开始接触复盘时最真实的感受吧。复盘有价值，但是要做好非常难。复盘的初衷和期望虽然美好，但实施过程中可能会遇到重重障碍，使过程变得混乱不堪；团队成员对问题的看法不一，难以达成共识，相互间无法说服，甚至可能会出现互相推诿的情况。复盘结束后，收获有限，未能挖掘出有价值的信息和结论；即便找到了问题所在，解决之道也显得遥不可及，未能为后续行动带来实质性的改变。凡此种种，都是我们在复盘路上可能面临的挑战与困惑。

这本书，就是想给管理者提供一套称手的、可以落地的、行之有效的复盘方法和工具。在面临类似上述情况的时候，管理者可以对复盘的过程进行有效的设计与规划，引导团队成员进行有价值的研讨，让大家紧紧围绕目标、聚焦在关键问题上讨论，且能够就讨论的各种问题达成共识、得出结论，使其对未来的执行有指导意义。

这套方法是基于实践慢慢积累和开发出来的。在过去相当长的时间里，我一直在为客户提供最佳实践萃取和案例开发的服务，在这个过程中，总会有客户把复盘的需求带过来：一个团队打了胜仗，或者一个新品上市了，又或者是两个跨部门团队一起完成了一个重大交付，团队想聚在一起召开研讨会，总结一下其中的经验和教训，看看后续有什么可以借鉴的。

我们尝试把最佳实践萃取的技术应用在这些场景里，引导团队朝着自己的目标努力。这个过程中既有很多有价值的收获，也有不少时候踩到了坑里—— 一些始料未及的问题发生导致研讨失效。我们慢慢明确了实现这类目标的合理逻辑，并且不断尝试新的工具，去除掉不太适用的，保留那些有效的，逐步形成了一套可以落地的复盘方法。

更为重要的是，在这套方法逐步成熟后，我感觉到它不仅仅是实现团队经验萃取这个目标的工具，更是一个管理工具，它使复盘可以实现的目标远远大于经验萃取这个目标。

复盘是一套有结构、有工具、有产出的会议方法，它能够利用团队智慧，帮助大家围绕目标达成去发现问题、寻找原因，并找到大家共同认可的方案。它既可以帮助管理者对还不太成熟的业务逐步加深洞察、找到解决方法，又能帮助管理者对已经成熟的业务总结规律，排除各种可能的风险和障碍，确保目标顺利达成。复盘，也是营造团队当责文化的重要场景，让每个团队成员始终以"以终为始"来思考问题，鼓励他们承担责任，鼓励个人成长与精进。

管理者有众多帮助自己达成目标的工具，而复盘绝对是其中非常重要的一个。

在这套方法逐步成熟后，我们开始把它变成课程讲给企业，教它们如何自己去打造这样的工作坊。在最开始的时候，来学习的很多都是人力资源团队、培训团队、项目经理等关键角色；慢慢地，很多公司以这门课程为主题，对管理者进行培训。

我们始终认为，复盘的方法与技能最应该长在管理者的身上，管理者可以随时随地使用它来帮助自己解决问题。我希望这本书能够帮助各位管理者形成复盘的思维，掌握复盘的方法，并运用它们来带领团队走上自我精进之路。

最后，非常感谢在上述过程中给予我信任并参与进来的各位朋友，尤其是提供了各个精彩案例的管理者们，我也从案例中学习到了很多。

目 录

第三章
回顾历程

基于详细事实的研讨，是复盘方法中最大的亮点

第四章
分析原因

群策群力，分析原因追求既"全"又"深"

第五章
总结经验

经验沉淀与个人成长是复盘的主线

第六章
设计与实施复盘会议
站在"二楼"引导与管理复盘

第七章
综合应用案例
灵活调用工具，解决多场景复盘

第八章
复盘与团队
领导力是复盘的基础，也是复盘的一大成果

第一章

复盘是拿结果的管理工具

复盘可以帮助个人精进，也可以帮助管理者推动目标达成

Structured
Retrospective

Building a Results-Driven
Evolutionary Team

理解复盘

在开始介绍复盘之前，我想先了解一下你对复盘的理解和感受。在表 1-1 中，我罗列了四个关于复盘的描述与判断，它们都是我在不同的复盘场景中听到的很多管理者的看法和观点，其中有些我同意，有些我不同意。也请你参照表 1-1，思考一下你的判断是什么。

表 1-1 对复盘的感受

	我同意	我不同意	我不清楚
复盘会带来不一样的业务结果			
通过复盘，可以让团队就所犯的错误进行清晰的责任认定			
复盘可以自己进行，也可以由管理者带领团队一起完成			
复盘是帮助个人和管理者进行自我精进的工具，也是管理者推动目标达成的管理工具			

🔍 **复盘会带来不一样的业务结果。**

很多管理者一听到"复盘"，就觉得是一个特别有价值的工具，他们对复盘的预期很高，期待通过一次复盘就能找到很多自己未曾发现的洞察，给业务带来非常大的改进。对于这个观点，我既同意又不同意。复盘，只是把问题暴露出来、分析出原因并思考如何解决的过程，它本身并不能解决更大范围的问题，并不是一个万能药。管理者需要管理自己的预期。

为了让复盘更有价值，能带来不一样的业务结果，还需要满足另外两个条件。

✦ **复盘需要结合后续的管理、执行、追踪等各种技巧**。即使在复盘会议上讨论出了改进方案、后续的计划，也并不意味着这些一定能落地执行、获得结果。管理者该做的定目标、追过程、给反馈、给辅导，一样也不能少。如果有所缺失，还是很难有好结果的。有些改进方案还需要管理者在更高层面上去推动一些改变的发生。

✦ **复盘需要反复进行才能有更好的效果**。只做一次复盘，会带来一些新的洞察和改变，但是更好的做法是定期进行复盘，不断对上一次复盘后制订的计划与执行情况进行新一轮的复盘。只有这样，才能不断排除取得结果道路上的各种问题，最终获得成功。

🔍 **通过复盘，可以让团队就所犯的错误进行清晰的责任认定。**

你同意这个观点吗？在我接触的企业里，有些团队直接把复盘会叫"定责会"。

我曾经接触一家教育机构，每次在处理完客户的投诉后，该机构都会开一次"复盘会"，在会议上明确不同岗位、人员在这次投诉中的责任占比，还会进一步制定后续的奖惩措施。我也问过这家公司的客户服务部门，大家对复盘会议的态度如何，毫无疑问，大家普遍不爱参与，且在复盘过程中会尽量为自己辩护，更多地去找外因或者其他团队的问题。

虽然有的会议并没有提到明确的定责诉求，但是一些过往复盘会议的体验让员工们形成了"复盘就是找我们毛病 / 麻烦的会议"的感受，这种态度和认知使得有价值的复盘难以真正发生。

把复盘和定责进行关联是一个非常大的错误。在复盘的过程中，或许会有关于"到底是谁做错了什么"的分析和讨论，但是需要弱化对"人"的指责和抱怨，更加积极地探讨基于错误有了哪些新的认知，是不是在管理上、流程上可以尽量降低发生人为错误的概率。因此，管理者首先要有一个清晰的定位，复盘并不是定责，要让员工把复盘和定责进行区分，为复盘营造一个坦诚开放的氛围。

有的人会问：我的公司有这样的明确规定——发生了问题必须认定责任且有后续的奖惩，这该怎么办？就像前面提到的教育机构，公司有明确的规定——但凡有客户投诉，必须定责。我的建议是**"先定责，再复盘"**。既然公司有明确规定，那就先做好定责，等一切尘埃落定，管理者再发起一个复盘会议，会议的出发点是未来如何更好地规避这类问题的发生。

复盘可以自己进行，也可以由管理者带领团队一起完成。

有些管理者倾向于把复盘当成一个自我反思与改进的过程。这诚然不错，但是复盘有两种不同的形态。

✦ **一个人的反思式复盘**。职场人在一些周期性节点到来的时候，可以做一下自我复盘，看看自己最近一段时间内做出的一些决策是不是足够好，自己在达成目标的过程中有什么感悟和心得。

这种复盘随时随地可以做，不过，我们必须知道，自我复盘其实具有很大的挑战性，我们非常容易受到自我认知和自我经验的局限，只能找到我们能找到的问题，只能分析出我们能分析出的原因，只能给出我们能给出的解决方案。因此，即使复盘的目标是找到自己的不足和改进方向，也不妨在这个过程中找一个同伴、一个挚友来跟自己一起讨论，借助他人的视角获得反馈和建议。

据我所知，有些企业在公司内部倡导"复盘伙伴"的概念，鼓励员工们定期与伙伴或者上级进行深入的复盘式沟通。

◆ **团队的复盘研讨**。把要复盘之事的相关人员都聚在一起，按照一定流程进行研讨、分析，形成共识，这是一种更理想的方式，因为群策群力可以最大限度提升复盘的质量。在这种场景下，管理者可能是复盘的发起者和组织者，并且需要掌握一些引导技巧才能让会议开得更加高效。

复盘是帮助个人和管理者进行自我精进的工具，也是管理者推动目标达成的管理工具。

我对这句话非常认同。我们并不需要把复盘当成一件非常复杂的事情，要等到大项目结束了才进行，或者一定要用来分析非常重要的问题。复盘其实就是一个思维研讨的流程与工具，对很多很小的事情就可以快速启动复盘，在很短的时间里就完成一次思考或讨论。它的价值就在于不让过去的事情白白过去，通过反思让我们能够不断成长与精进。

罗宾（Robin）是一家咨询公司的销售总监，他的公司主要向客户售卖各种人才测评的在线工具。平时销售团队并不需要聚集在办公室里工作，可能在客户那里，更有可能在家里工作。销售工作的很大一部分是通过电话与客户沟通需求、呈现方案。

Robin 的主要工作内容是在各种与客户的电话会议里支持销售团队，协助销售人员澄清客户需求，引导客户的认知，并促成商务成单。Robin 在每次协助销售人员开完电话会议后，总有一肚子苦水：他觉得销售人员工作不够细致，有些人没有做好前期的客户信息调研，有些人没办法给客户提供有价值的建议，有些人专业能力不足，等等。

Robin 后来制定了一条团队规则：在每次与客户的销售电话会议结束后的 15 分钟内，必须马上进行一次电话复盘，参与者就是 Robin 与销售人员，复盘的目标是讨论这次电话会议的得失，以及未来如何更好地服务这个客户。

Robin 还为这个复盘会议拟定了以下四条规则。

- 复盘会议需要由销售人员发起（谁发起，谁的主人翁意识就会更强）。
- 在刚才与客户的电话会议里说话比较少的人（大多数情况下，销售人员没有 Robin 说得多）需要先来分享，说话多的后分享。
- 每个人分享几个信息：
  - 对这次与客户的电话会议的整体满意程度如何？感受如何？
  - 我们做得比较好的有哪些？为什么（做了哪些事情能获得这些好的结果）？

- 我们做得不足之处有哪些？为什么（什么原因导致了这次沟通的不足）？
- 接下来，针对这个客户，要做哪几件事情？
- 复盘会议结束后，在团队的共享文档里，记录下至少 5 条自己的收获。

通常来讲，这种复盘要持续 15~30 分钟，绝大多数情况下 Robin 和团队成员都能坚持下来，Robin 发现复盘有三个好处。

- 很多时候，在与客户开电话会议时，Robin 会说得比较多（这也很正常，Robin 本来就是以管理者和专家的角色参加这类会议的）。在复盘会议中，要求销售人员先自己反思一下沟通过程，找问题，能让 Robin 更好地理解销售人员的实际想法，也能让他更加客观地看待和分析销售人员的问题。Robin 可以给出更有针对性的建议和反馈，而不是像之前一样劈头盖脸地批评他们、埋怨他们，这对销售人员的能力成长没有好处。
- 销售人员会主动分析和反省自己的做法，对接下来的行动计划认可度更高。
- 整个团队更加清楚围绕这个客户接下来的工作策略和行动，认知更加一致。

Robin 对复盘这个管理动作特别满意，打算长期坚持下去。一方面，他还在琢磨如何优化这个复盘的问题清单；另一方面，他还想找一找在工作中还有哪些场景也可以配套一个复盘的流程，让管理更轻松。

对于管理者来讲，复盘的一大价值在于带领团队就很多目标、标准、方法、要求等达成共识，让团队成员能通过参与复盘，提升自己工作的积极主动性，提升团队的战斗力。

希望每个管理者在看完这本书后，都能找到适合自己管理场景的复盘方法，让复盘帮助自己成为优秀的管理者。

理解与把握复盘的方法

我在心里会按照下面的三层逻辑来理解与把握复盘的方法（见图 1-1）。复盘，包含了最底层的复盘框架（或者说复盘的逻辑）、达成这个复盘逻辑的复盘工具，以及让工具能发挥效用的对话/引导技巧。让我们来分层了解一下具体的含义。

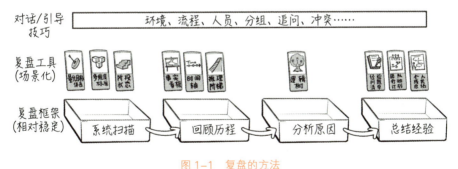

图 1-1 复盘的方法

复盘框架层

复盘的最底层是框架，或者说是复盘的逻辑，也就是复盘应该按照怎样的步骤来推进。不管是一个人的反思，还是一个团队的研讨，都应该有一个清晰的思路——先做什么，再做什么，直到达成复盘的目标。

一个好的复盘框架需要有以下两个特点。

✦ **泛用性强**。不管是什么类型的复盘，基本都可以按照这个框架来实施。也许侧重点会有不同，但是大逻辑应该是一致的。

✦ **逻辑清晰**。不同阶段衔接紧密，能指导操作的人一步一步完成复盘。一个好的框架一定是环环相扣的，前一步的输出是后一步的输入，保证衔接有效，不能断点。

在复盘框架这一层，不同的组织有不同的描述方法。例如，最早倡导企业、组织进行复盘的联想集团就把复盘分为"回顾目标、比对结果、分析原因、总结规律"四个阶段。

在项目实践中，我会把一次复盘流程分成以下四个阶段。

第一阶段：系统扫描

复盘的第一个阶段是"系统扫描"。当我们对一件事、一个项目、一个周期进行复盘时，首先要做一下诊断——哪里做得足够好，哪里做得不太好，并把这些问题清晰地描述出来，作为接下来复盘的重点。

打个比方，这就好像一个人在年底时去医院做体检，医院先做了一系列的检查或测试后，识别出这个人身上有三个问题点：一是有些心动过速，二是左耳的听力不太正常，三是血脂水平有些高。在识别出这些问题点后，医院需要做进一步的详细检查，来判断出现这些问题点的原因，做好诊疗。

我们对要复盘的事情进行一次扫描，先找到都有哪些问题点，再聚焦在关键的问题点上，做后续的深入研讨。这一阶段输出的就是"关键问题"，也是复盘方法中经常提到的"highlights"（亮点）或"lowlights"（不足）。

这个阶段容易吗？不太容易，在医院里，识别一个人是否心动过速很容易，因为医学界有清晰的标准，正常人的心率应该是每分钟 60~120 次，如果超过这个区间的上限，就可能被诊断为"心动过速"。而在实际工作中，很多要复盘的事情和项目并没有清晰的标准，到底哪里做得好、哪里做得不太好可能非常不好判断，所以在这个阶段中可能要花一些力气来讨论并达成共识。

第二阶段：回顾历程

既然已经发现这个人"心动过速"，那么接下来就要找到原因。在分析原因前，需要对心脏做更详细的检查，拿到更多的数据：可以照个 CT（计算机断层扫描），看看现在心脏的血管情况；可能要检查一些关联性指标；还可能要了解一下患者过往的生活习惯、饮食习惯，甚至了解一下家族病史，等等。这个"详细检查"的过程就是"回顾历程"。

对历程的回顾是紧紧围绕第一阶段的"关键问题"展开的，而不仅仅是一个大而宽泛的回顾。在实际的项目操作中，我们会发现在第三阶段"分析原因"中能否找到更多的新角度，很大程度上与"回顾历程"中是否发现一些新细节有关。因此，在这一阶段，围绕前期聚焦的问题，尽量详细且完整地回顾当时的事实是关键所在。

这些事实应该包括各种相关的数据、做过的事情、说过的话、观察到的现象，还包括当时的思考与感受。这些都需要被尽量完整、客观地复原出来，以便为后面的原因分析打下坚实的基础。

"回顾历程"是复盘里非常有亮点、有价值的一个步骤，它强调复盘是基于事实和细节进行分析的，而不是找到问题后进入相对抽象的空对空讨论。而"回顾历程"也不是一件容易的事情，在太多的复盘中，这个阶段过于单薄，使后续的原因分析难以做到全面且深入。

第三阶段：分析原因

问题找到了，相关的历程也做了回顾，那么接下来就可以结合过往的经验来分析原因了。分析原因可能是复盘的四个阶段中最有挑战性的部分，也是最核心的部分。

对于做得不好的部分，分析原因；对于做得好的部分，可以去识别带来成功的关键因素或关键行为。有三个因素可能让"分析原因"这个阶段面临重重挑战。

1. **"分析原因"这个阶段的质量，很大程度上取决于复盘参与者的经验水平和业务能力**。同样的一个问题，拥有不同背景、经验的人可能会分析出深度不同的原因。比如，拿到了一个人心脏各方面的数据，不同的医生可能会得出不同的结论。

有一次，我的孩子因为肚子剧痛去医院验血，其中一个指标是正常值的几百倍，接诊的医生慌张地让我们赶紧去大医院检查，因为这个指标过高可能会带来生命危险。在一顿惊慌的操作后，我们发现孩子并没有任何其他异常，而且肚子痛也很快消失了，再验血也显示指标一切正常了。回家后，我上网查了查这个指标，发现在剧烈运动后，这个指标非常容易变高，并不需要特殊应对。这就说明了一切，因为我的孩子下午打了一场篮球赛。

我想这个医生也积累了一次有价值的诊疗经历，让他对这些指标的认知有了进一步的加深，下次再碰到年轻的孩子这个指标高时，他可能需要多问一个问题——是不是刚刚剧烈运动过。

2. 即使是最有经验的人，也有自己的"认知边界"。也就是说，我们能找到我们知道的原因，但找不到我们不知道的原因。

我曾经协助过很多医药行业的客户做一些"大客户管理"的复盘项目，就是把很多成功的或不成功的客户管理案例拿过来分析，看看如何更好地影响客户。

作为一个业外人士，我发现医药领域的很多业务管理者非常容易把成功与失败归结到"客情"[①]上。在他们的头脑里，这似乎是一个决定性的因素，做得好会归结到"客情好"，只有这样才有机会向客户传递信息，否则可能都见不到客户；做得不好会归结到"信任关系不好"，没办法沟通。这种认知非常普遍且根深蒂固，可能会导致其他一些影响成功或失败的因素被忽略。更麻烦的是，如果我们真的认定"客情"就是最重要的因素，那么解决方案就很有限了，似乎只能去继续加深客情，而加深客情又不是一蹴而就的

---

① 在销售领域，客情指产品或服务的提供者与客户的亲密度。——编者注

事情，复盘似乎因此走入了死胡同。

3. **人们倾向于找一个"替罪羊"**。在对一个做得不太好的事情进行原因分析的时候，归结到某种外因也是一个常见的错误。其实，并不是不能找外因，而是外因往往伴随着内因。就算真的是不可抗力，也可以反思，为什么没有对这种不可抗力做好充足的准备和预案。更何况，很多外因并不是不可抗力。

不同的团队互相"甩锅"这个情况也有可能出现，不过我碰到的不多。一种常见的情况是出于维护面子的需求，弱化对一些原因的表达。

"分析原因"这个阶段是复盘中占用时间最长，也最能体现"暗礁重重"的阶段。复盘的引导者如果想带领团队高质量地完成一次原因分析，需要时刻对团队产出的内容质量有一个清醒的判断和了解，寻找是否还有新的角度可以激发团队更深的思考；还需要对每个人的参与状态有一定的了解，用"真实与真诚"带动团队的氛围。

第四阶段：总结经验

如果"分析原因"阶段的质量非常高，那么"总结经验"这个阶段就是甜美的收获阶段了。我常常会这样形容这个阶段：在前期的系统扫描、回顾历程和分析原因阶段，研讨的过程会长出很多"小果子"；到了"总结经验"这个阶段，就是"摘果子"了。很多原因分析到最深层，会产出一些有价值的洞察和可复制的经验，应该分门别类地把它们收集和整理好。

在这个阶段容易出现的失误就是没有做好全面、完整的记录和梳理，导致复盘过程中研讨出来的很多有价值的观点和经验没有被很好地记录与整理。因此，选择用什么样的模板和结构来做好梳理非常关键。

以上是我们验证过的、可实操的、前后衔接的四个关键阶段。在不同的行业、不同的复盘场景中，这套逻辑可以引导个人的反思或一个团队的研讨。

本书的第二章到第五章将会按照这四个阶段展开，说明每个阶段的含义、必要性及可以使用的工具方法和注意事项。

复盘工具层

在复盘框架层之上的，是复盘工具层。**工具，可以帮助我们实现各个阶段的目的。**

在探究"工具"层时，我们有了以下洞察。

✦ **不同的复盘场景，使用的工具可以不一样**。比如，在"系统扫描"阶段，你可能会发现，复盘的场景不同，找问题的逻辑不同，与之相对应的工具应该也不一样。我更愿意按照所复盘事情的成熟度来细分"系统扫描"这个阶段的场景。事情越成熟，意味着我们对事情的理解越多、越深，越容易在前端设定可量化的目标和路径，事后也越容易识别问题；越是不成熟、模糊、创新性的项目，在前端就越有可能没什么清晰的目标，也难有路径，需要团队摸着石头过河。这个时候，识别问题的难度会更大。因此，对清晰、成熟事件的复盘与对模糊事件的复盘需要采用不同的工具。

又比如，在"回顾历程"阶段，需要紧紧围绕前期识别的"问题点"展开相关的事实论述，而这个"问题点"有不同的类型。有的问题点是前期的方向或决策错了；有的问题点是方向没问题，但是执行的过程磕磕绊绊，有很多做得不太好的地方。围绕一个决策产生的过程进行回顾，和围绕一段执行的过程进行回顾，适用的工具完全不一样。

在"分析原因"阶段和"总结经验"阶段同样如此。

因此，我的建议是，以达到目的为出发点，不断测试和验证哪些工具可以解决问题，解决这类场景问题的复盘工具未必适用于另一个场景。复盘引导者应该积累一个"工具库"，在解决不同类型的复盘问题时，从工具库里选择最适用的工具来设计自己的工作坊，并进行引导。

✦ **这些工具不必原创**。我们完全可以依托很多成熟的管理工具来解决问题，比如，在"分析原因"阶段，如果放眼一些调研，就可以发现已经有很多非常成熟的原因分析工具可以借鉴，并运用在复盘场景中。我们需要思考这些工具有什么特点，分别适合什么场景，可能会有什么弊端，是不是可以做一些改良，等等。

工具不仅仅局限于思维类工具（各种思维类工具确实是实施复盘的非常有力的帮手），还可以源于行业的优秀实践。

在生产制造领域里，分析一个生产问题出现的原因时，有一个被广泛调用的"人机料法环测"框架，框架中的六种要素就是基于生产制造领域的最佳实践得到的。按照这个分析思路，对几乎所有问题都可以逐步聚焦到最重要的原因上。同样，在营销领域，如果我们需要复盘一个新品上市的项目，那么不管是在"系统扫描"阶段还是"分析原因"阶段，营销领域的5P模型都提供了非常好的评价与分析框架。

在这本书里，我会介绍每个阶段中场景的细分思路和依据是什么，以及不同的细分场景下可以使用的工具。这些工具是我在过往实践中慢慢保留下来的好用的工具。但我认为，你也可以在自己不断的学习和实践中接触或迭代新的工具，经过逐步累积，你就会有更多的工具来帮助自己做好复盘。当未来真正开始做复盘的时候，你就可以从工具箱里挑选最合适的工具来解决问题。

对话 / 引导技巧层

有了一个清晰的复盘框架，并且有了一系列配套的工具，就可以轻而易举地设计出一次复盘流程。这是不是意味着可以成功地完成一次复盘了呢？

如果正在进行的是一个自我反思的复盘，那么大概率就可以了。如果复盘场景是多人一起复盘，那么还有一个非常重要的技巧，就是对话和引导的技巧。

有很多复盘会议会请专业的复盘引导师或复盘教练来执行，对于一个组织里的业务管理者、项目经理或任何想组织相关团队一起进行复盘的人来讲，最好也掌握一些基本的会议技巧、引导技巧、提问技巧等，让复盘会议开得更加高效。这可能会涉及以下问题：

- 复盘会议的会议室要提前做什么布置？

- 如果分组研讨，谁和谁一组更合理？

- 不同的阶段研讨和发言的顺序要做什么样的设计？

- 每一轮讨论设置为多长时间比较合理？

- 有人消极应对，不发言、不参与怎么办？

- 有人就是不承认自己的问题，总是抱怨别人怎么办？

- 有人比较强势，不容置疑该怎么办？

- 有两人意见不一致，吵起来了怎么办？

    ……

以上这些问题和挑战，有些可以依赖一些流程的设计来解决，有些却只能靠复盘会议组织者的现场管理技巧来解决。对这些问题的关注不足，或缺少引导的技巧，复盘会议就容易慢慢变成散乱的研讨或"一言堂"。

在这本书里，我会逐步介绍各个阶段的工具，提示在某个阶段可以使用的一些对话/引导技巧。同时，在第六章中，我们会整体介绍复盘会议前中后阶段的注意事项和引导技巧。

把复盘的方法落地应用

如果你理解和掌握了前述四个阶段的方法与工具，那么未来在进行复盘的时候，你应该就可以像拼拼图一样设计与实施自己的复盘会议。

在把复盘的方法落地的时候，先对要复盘的事情有一个初步的了解，然后按照"系统扫描—回顾历程—分析原因—总结经验"这四个阶段去设计复盘的流程，不管是个人思考还是团队研讨都一样。根据事情的特点，选择每个阶段的工具。

例如，我想再重新设计一下在前言里提到的我公司的市场活动复盘会议。我可能会像下面这样选择工具。

- 在**系统扫描**阶段，因为了解到大家对一个市场活动的好与坏其实判断标准都不一致，所以我可能选择"阶段状态"这个工具，让大家对每个市场活动给出一定的主观评分和判断，然后锚定效果最好或最不好的市场活动作为聚焦点，进行后续的研讨。

- 在**回顾历程**阶段，我会选择"时间轴"工具，让团队成员先不要围绕所聚焦的市场活动进行更多的分析与判断，而要尽量完整、全面地把活动时我们都做了什么，客户的表现是什么，我们都听到了什么、看到了什么、感受到了什么，按照事件的顺序复原出来。

- 在**分析原因**阶段，我会运用"逻辑树"工具，组织大家对活动做得好或不好的原因进行全面细致的分析。这个阶段分析到位了，后面的改进方案和新的计划该如何制订就清楚了。

- 在**总结经验**阶段，我会选择"经验问题清单"，带领团队把所有的问题都回答完毕，把所有要改进的动作都识别出来。

同样是三小时，这么设计，讨论就不会是杂乱的、没有主线的、没有共识和结论的。我拼好的复盘会议流程与工具如图 1-2 所示。

图 1-2　复盘会议流程与工具

如果你面临的是其他要复盘的事情，你选用的工具可能和我的不太一样，拼出的流程也会不太一样。因此，在第七章里，我们会聚焦于如何拼好"拼图"，介绍几类最常拼装的"拼图"。

我梳理了以下几类在组织里最常见的复盘场景，通过案例的方式来介绍"拼拼图"的技巧和注意事项。如果你的组织里未来可能会有类似的场景，这些拼好的"拼图"就可以供你参考，让你在这些拼图的基础上进行改装与实践，完成自己的复盘目标。

- 个人复盘
- 项目复盘
- 故障复盘
- 业绩复盘
- 决策复盘

借助对这些场景的介绍，可以加深你对四个阶段的工具的理解，且能帮助你融会贯通地去解决自己的问题。

在本书的第八章，也就是最后一章里，我会总结一下做好复盘所需要的底层能力。这本书会告诉你方法、工具和技能，而能力则需要日积月累，通过复盘实践不断提升。本书的整体脉络如图1-3所示。

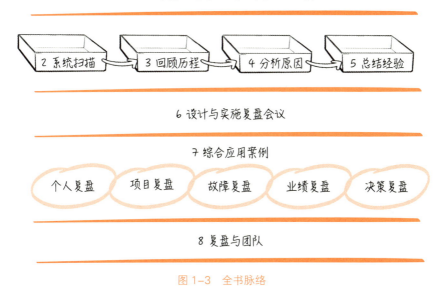

图1-3　全书脉络

第二章

系统扫描

识别项目的亮点和不足，本质上是澄清标准、达成共识

Structured
Retrospective

Building a Results-Driven
Evolutionary Team

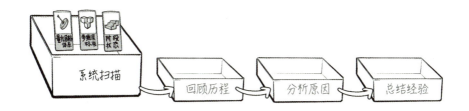

让我们先来看一张图片。在这张图片上，有一些字母，请你判断一下这张图片上的字母是不是有问题，如果有问题的话，是什么问题。

BΛG

如果你认为，第二个字母写错了，因为 A 的顶部应该是闭合的，那你的标准是这张图片上的字母是"BAG"。

如果你认为，第二个字母写错了，因为 H 左右两边都应该是垂直的，那你的标准是这张图片上的字母是"BHG"。

如果你认为，没有字母写错，就是 A 写得不太规范，那你的一个标准是这张图片上的字母是"BAG"，另一个标准是 A 的顶部封不封都无所谓，都可以接受。

　　如果你认为，没有字母写错，就是 H 写得不太规范，那么你的一个标准是这张图片上的字母是"BHG"，另一个标准是 H 的两边垂不垂直都无所谓，都可以接受。

　　如果你认为，这张图片上没有任何错误，那你对这上面的字母会组成什么单词，以及每个字母该如何写的标准是非常宽泛的。

　　这是一个小小的体验活动。我们在复盘一个事件、项目或阶段的时候，首要的其实是判断一下哪里做得好、哪里做得不太好；而"好"与"不好"都是参照一定的"标准"比较出来的。高于标准的，就是好的问题点，也可以叫作"亮点"；低于标准的，就是不及预期的问题点，也可以叫作"不足"。

　　这个阶段，被称为"系统扫描"。锚定值得深入探究的问题是这个阶段的目的，它是复盘流程中后续分析的基础，会让复盘变得聚焦。尤其是对一些相对大型和相对复杂的事件进行复盘时，这个阶段就显得尤为重要。

　　在前面的字母体验活动中，我们会发现，很多判断事物的标准可能连我们自己都不太清楚，是比较隐性的。这一点在复盘中也是一样的，判断一个项目做得好与不好时，很多人并不能马上给出答案，或者只能凭着直觉做判断。复盘的一个价值就是让这些隐性的标准浮现，只有这样，我们才能有机会反思这些标准合不合理。

　　在前面的字母体验活动中，我们还会发现，对事物的判断标准因人而异，不同的人有非常大的差别。如果让两个人同时看这张图片，两个人找到的问题可能会完全不一样，这说明他们两个的判断标准是不一致的。类似情况在进行项目复盘的时候也极容易发生，大家对事情的判断标准不一致，尤其是不同岗位、不同团队的人对一件事情的判断标准有非常大的差别。这都为进行系统扫描和问题识别带来了难度。

因此，这个阶段的工具，是先按照"标准"的清晰程度来细分场景，再进行匹配的，我们匹配了三个不同的工具。

在这一章里，我们会介绍这三个工具的使用方法和注意事项。不过在开始选择要使用的工具前，需要先锚定清楚要进行系统扫描的对象。

锚定要扫描的对象

最先倡导把复盘作为企业管理工具的柳传志先生，曾经用一句朴实的话说明了何为复盘，那就是"把过去的事情再过一遍"。

复盘一定是基于"过去的事情"，而不是一个"命题"，这一点非常关键。"过去的事情"就是复盘的对象，它应该是**一个有起点、有终点、有过程的具体事件**。在复盘前，一定要锚定好要围绕哪一段"事件"来复盘。

有些复盘的需求已经非常明确地指出了这个要复盘的事件。

- 我要对过去的 2023 年做一个复盘。复盘事件就是 2023 年 1 月 1 日到 2023 年 12 月 31 日，发生在我身上的事情。事情肯定很多，我可以快速扫描和诊断一下，在过去的一年里，我认为的"关键问题"都有哪些。

- 我们团队要对过去的第四季度的销售业绩达成情况做一个复盘。这个事件就是在第四季度中，围绕销售结果的达成我们都做了哪些事情。

事情很多、很杂，我们可以从销售结果的细分维度上快速识别哪个环节达成了预定的目标、哪个环节没有。

- 我们对一个游戏项目投入了大量资源进行开发，但是遗憾的是，在规定的 6 个月里，收入未达预期，我们需要停掉这个游戏项目。我们想要复盘当初做出"要开发这个游戏"的决策是否正确。这里需要复盘的是当初想要开发这款游戏的念头是怎么出现的，结合后面的结果，判断什么假设是对的、什么假设是错的。

不过，也有很多复盘需求其实并没有明确的"事件"指向。复盘源于管理者想要达到一个目的，并且需要基于这个目的去倒推哪个"事件"可以达到这个目的。

一个软件公司的首席执行官（CEO），认为自己公司的产品版本迭代太慢了，行业里领先的公司保持着 1 个星期就迭代 1 个新版本的节奏，而自己公司的产品还停留在 2 个星期，甚至 4 个星期才迭代 1 个版本的节奏。他想通过复盘来驱动版本迭代周期的加快。

这就是典型的管理者的复盘起点，它是一个要实现的管理目标，而非某个具体的事件。

在这种情况下，要复盘的事件是模糊的。如果上来就讨论公司现有的版本迭代有什么问题，该如何加快，那么这就是对一个问题的研讨，而不是复盘。如果想做成复盘的话，就**需要锚定一只"小麻雀"**，即从公司的众多产品中选择一个典型的产品来分析，且围绕这个产品，锚定一次具体的版本迭代过程来分析。把这只小麻雀（某一次版本迭代的具体过程）做好复原，依托具体的事件来梳理有哪些阻碍开发迭代的因素，背后的原因是什么，该如何加快版本迭代的速度等。

当然，有人可能会问：如果只选一只小麻雀，那么怎么确定它能代表整体的迭代问题呢？缺少代表性确实可能是个弊端，可以弥补的措施有两个：一个是尽量选择有代表意义的、典型的产品和典型的迭代过程，期望这种对典型事件的分析带来的结果能够对更大范围的问题有指导意义；另一个是如果真的觉得一只小麻雀不够的话，可以再找第二只，甚至第三只。

坚持选择小麻雀的意义在于，它让分析能够依托于一段具体的事件，而非"空谈"。这也是复盘的特色。

某个高科技半导体制造工厂，人力资源管理者（HR）推行了一个"管培生"计划，即把很多优秀的校招生分配到各个生产管理部门的一线，让他们得到锻炼。其中一个生产部门发现，分配到自己团队的管培生在实习结束后的离职率高于整体平均离职率，这个团队的管理者想通过复盘找到管理的改进点在哪里。

经过初步了解发现，这个团队去年被分配了 10 个管培生，其中有 4 个离职了。如果想达到复盘的目标，我们建议管理者从这 4 个离职的管培生里挑选 1 个典型人员的案例来复盘。当锚定某个具体员工（这个场景下的一只小麻雀）时，我们就可以复原出这个具体员工的诉求，他都说过什么、做过什么，过程中都发生了什么事情，哪个环节出现了异常，以此梳理出可能导致他离职的原因，以及是不是有管理上的漏洞和缺失。找到这些漏洞和缺失，对其他人员的管理也是有指导意义的。如果没有这些具体细节的补充与启发，那么管理者在讨论的时候很容易落入窠臼，陷入自己过往的认知中。

围绕复盘目标，聚焦或锚定哪个事件，有时候值得认真思考、认真选择。

某医药研发企业，有一个非常大的实验团队，其主要的职责是与医院协作，完成某些产品的实验工作。其组织架构包括中央管理团队，以及驻扎在各个医院的项目组。某一年，中央管理团队推出了一个新的文件管理规定，以规范各个项目组的实验数据文件管理工作。他们做了宣传，开会提出了具体的要求，然后期望各个项目组能按照规定进行文件的更新管理。三个月过去了，他们发现结果不尽如人意，很多项目组并没有配合中央管理团队的要求来按期按质地完成工作。

于是，这个中央管理团队想做一个复盘，想知道为什么新规定推进得这么慢，到底是哪里出了问题。从这个大的目的出发，中央管理团队把复盘的事件锚定为，从中央管理团队推出这个规定开始一直到现在，项目组都做过什么努力，看看哪里出了问题。

在上面的案例中，我认为团队可以换个角度锚定事件。一个中央管理团队推行规定，必然需要下面各个项目组的执行配合。如果只是中央管理团队复盘自己做过的动作，其实很难发现下面的执行团队到底是如何看待这些动作的、执行中可能有什么真正的问题。自己很难发现自己工作中的漏洞和问题，搞不好复盘出来的是对下面执行团队的一堆吐槽。

因此，在这种情境下，我建议从各个项目组里选出一个比较有代表意义的、在执行的过程中抵触情绪大、反馈问题多的项目组（小麻雀），复原一下从中央管理团队推动到执行规定的过程中，项目组到底都遇到了什么、感受到了什么，在客户那里碰到了什么问题等。这些发现有助于中央管理团队更好地发现自己的问题。所以，基于复盘的目的，倒推出具体事件作为复盘的对象，是一个需要认真对待的环节。

这种从复盘的目的推导出复盘事件的过程，通常是在复盘前完成的。其具体的产出，就是复盘的团队能够明确这次复盘事件的起点、终点、范围。

- 事件起点是什么？
- 事件终点是什么？
- 事件范围是什么？

例如，围绕上面提到的中央管理团队推进文件更新管理这个项目的复盘来讲，以上三个问题的答案如下。

- 事件的起点：×× 年 ×× 月，公司中央管理团队开始立项，要推进

文件的更新管理工作

- 事件的终点：××年××月，项目进行到现在为止
- 事件的范围：中央管理团队做的一系列动作，以及××医院项目组经历的全部过程（锚定了一只小麻雀）

把复盘的对象锚定好，就可以思考下一个问题——用什么样的工具来扫描、诊断这个事件，从而找到过程中的关键问题。

三个进行系统扫描的工具

前面我们提到，在这个阶段进行系统扫描并识别问题的关键在于找到一个"标准"。斋藤嘉则在《工作的原理：发现问题篇》里对"问题"给出了一个定义，他认为问题是**应有的状态**与**现状**之间的差距。他这里描述的"应有的状态"和我们提到的"标准"基本是一个含义。

这个阶段的难点恰恰就在于我们对所复盘事情"应有的状态"或"标准"的认知可能是模糊的、不清楚的，或是没有达成团队共识的。

我先问各位读者一个小问题：如果现在请你对自己过去的一年做一个复盘，你想先识别一下过去一年里自己哪里做得好、哪里做得不太好，你会如何识别呢？

如果你在年初制定了非常清晰的目标，那么识别问题会很容易，参考自己前期定的目标去找问题就好了（可以参考本书第七章中的"个人复盘"案例）。不过如果你在年初糊里糊涂，并没有设定什么目标，或者仅仅有一

个模糊的方向，那么找到过去一年的"亮点"和"不足"就会变得不那么容易。

工作中的复盘同样如此。我们要复盘的事情，有些在前期有清晰的目标，有些则没有。越是熟悉的、常做的、反复发生的事情，越意味着我们对这个事情的认知是有一定基础的，前期制定的目标可能是清晰、量化、没争议的；反之，越是不成熟的、创新的、灵活多变的事情，我们对它的理解就越弱，可能在前期没有制定清晰的目标和策略。

我之前开设了一个视频号，录制了第一条短视频，并且转发到了朋友圈。如果让我当时复盘一下这条短视频的录制和推送，我会发现我非常难以界定问题，不仅仅是因为我在录制的时候根本没有设定任何目标，而且就算看到了播放量、转发量和点赞量等数据，我也完全不知道这些结果是好还是不好。我把数据在朋友圈里展示了一下，收到的评价也非常不一致，有人说数据好，有人说数据不好；有人告诉我下次要怎么录可以防止镜头晃动，有人则推荐提词器给我。

在那个时间点，"录制短视频"对我来讲就是一个不成熟的事情。

如果是现在让我来复盘一条短视频的好坏，则容易得多了。结合过去录制几十条视频的心得感受，结合我了解的同行数据，我可以根据不同的内容特性去设定合理的目标，除了播放量、转发量和点赞量，我还知道了要设定完播率这个关键的指标，这样我会更容易界定这次视频的亮点和不足可能在哪里。

在"系统扫描"这个阶段，我们按照所复盘事情的"目标成熟度"，将其分成三个不同的类型/场景，采用不同的工具来找问题。

工具一：量化目标体系。这类工具比较适合前期有非常清晰的量化目标、有计划好的达成目标的路径，甚至还有很多过程性指标的复盘事情。复盘这类事情在识别关键问题的阶段是相对轻松的，因为目标是量化的，取得的结果大多也可以用数据来衡量；有什么问题，可以非常快速、精准地识别出来。

工具二：多维度标准。这类工具比较适合很难用一个量化目标来衡量好坏，而更适合用多维度的标准来衡量的复盘事情。这个衡量标准通常是基于一定的实践基础梳理得出的。比如，一个公司想对培训项目做复盘，当然可以将学员的满意度作为一个量化目标。不过，如果你做培训的经验比较丰富，就会知道这个满意度并不能代表太多，学员满意度高并不一定代表这是一个对公司有价值的培训项目，学员满意度低也不一定意味着它的价值就低。所以当复盘一个培训项目时，可以梳理出多维度的培训项目评价标准，用以更全面地审视项目、识别问题。

工具三：阶段状态。这类工具适合那些既没有办法找到量化目标，又没有办法设定标准的复盘事情。具体方法是把发生的事情与"应有的状态"进行对比，来识别出问题点。这个状态的界定有点像"马后炮"，可能是主观的、粗略的。复盘中，应该允许这样的模糊存在，因为对复盘事情的认知还不足，很难定出标准。在理想的状态下，随着复盘的发生，可以找到更好的方式来制定目标或明确标准，让后续的复盘更加清晰。

还要特别强调一下，在复盘的方法里，我们提到的"关键问题"绝对不是仅指做得不好的地方。这里的"问题"指的是问题点，是一个中性词，既包含那些不达预期的问题点（不足），也包含那些超出预期的问题点（亮点）（见图 2-1）。

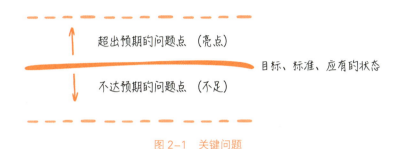

图 2-1　关键问题

比较有意思的一个现象是，在我们为客户提供复盘服务的时候，大多数客户会对"不达预期"的那些问题点更感兴趣，更想分析下去；反倒是做得很好的地方，就忽略掉了。做得好的地方，同样可以通过复盘提取导向成功的关键行为，萃取集体的智慧。这是我们在复盘的过程中要特别注意的一点。

接下来，我们来分别介绍这三个工具。

工具一：量化目标体系

工具与应用举例

"量化目标体系"，指的是针对所复盘的事情，前期已经设定了清晰的目标体系。在进行扫描的时候，用这套目标体系来扫描就好了，你很快就能找到哪个目标已经达成、哪个目标还没有达成。

在使用这个工具的时候，我们通常先依托"业务逻辑"，把要复盘事情的目标体系用下面的结构呈现（见图 2-2）：

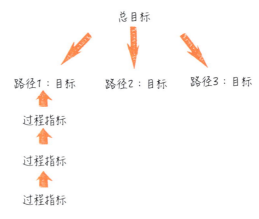

图 2-2　目标体系结构

在这个工具里，最上面显示的是要实现的"总目标"，接下来，将总目标拆解成几条不同的路径/活动来实现它，每个路径上还可以设计一些过程指标。这些指标最好都是清晰且量化的。

让我们来看一个小例子。N 公司是一家面向出国留学人员的语言培训类机构。这家机构每年都会举办一次非常重要的招生活动，在每次招生活动结束后，N 公司都会对招生的结果进行一次复盘。N 公司对这类招生业务轻车熟路，前期制定了非常清楚的招生目标及招生路径，让我们看一下前期的目标是如何制定的（见图 2-3）。

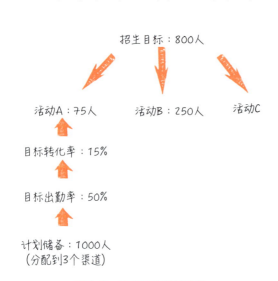

图 2-3　N 公司前期的目标

他们制定的总目标为招生 800 人，按照计划，这 800 人会从公司的若干个市场活动中转化而来，其中活动 A 为通过直播进行某大学的招生策略解读，这个活动设定的招生目标为 75 人。为了能够实现 75 人的招生目标，前期需要在不同的渠道储备 1000 个能来听直播的潜在学员。根据过往的出勤率统计，大概有 50% 接受邀约的人会真正参与，在这参与的 500 人中，大概会有 15% 的人能被转化成为实际的报名者。只要这些过程指标都能够达成，A 活动的 75 人招生目标就可以实现。只要所有的活动都达成既定的目标，就可以确保最终的 800 人招生目标实现。

当项目前期有这样清晰的目标时，界定问题就非常容易了。只要对标这个目标体系，把相应的结果拿过来，一下子就能发现哪个环节目标超额完成了、哪个环节目标中规中矩地实现了、哪个环节目标没有达成。让我们看一下 N 公司取得的结果（见图 2-4）。

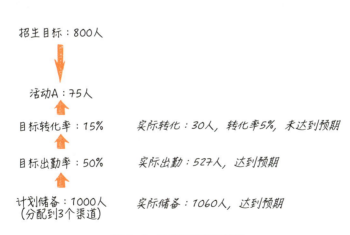

图 2-4 N 公司取得的结果

从图中标注的数据可以看到，仅就活动 A 来讲，计划储备的 1000 人达成了，实际上也确实有 500 多人参与了，但是目标转化率（15%）没有实现，只实现了 5%，也就是只有 30 人最后实际报名了，A 活动的目标自然没有达成。因此经过这样一对比，我们就发现了一个关键问题：**活动 A 的转化率为5%，低于预期。**

运用这种工具找到问题出在哪个细分目标上后，对**问题的描述**可以采用下面的句式。

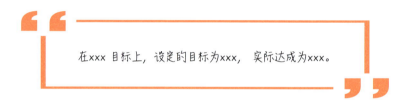

在xxx 目标上，设定的目标为xxx，实际达成为xxx。

在接下来的回顾历程的环节中，就可以围绕这个细分的目标达成，对于团队都做了什么、发生了什么具体的事情来进行分析，找出影响目标达成的原因。

这个工具的适用场景

在复盘中，适合用这种工具来找问题的项目，大多是销售活动、市场活动、营销活动等。在这些类型的项目中，前期一定会制定非常清晰、量化的目标体系，比如拉新、转化、销售目标等，且这个体系一定是和业务逻辑保持一致的。

一些资源获取类项目也非常适合使用"量化目标体系"这个工具。

我曾经辅导一个 HR 团队复盘自己某一年的校招项目。在看过他们前期制订的计划后，我们发现，整体目标和规划与刚刚分享的案例非常相似。总的校招目标为 350 人，分配到各个省，他们可以统计出从简历筛选一直到最后签约的全部数据，并计算出比例。

他们认为去年的招聘结果还不错，因此把今年的数据结果比对去年的数据来识别问题。最后找到的问题为"×省的拒签率高于去年"（见图 2-5）。对这个拒签率还可以继续进行数据拆解，比如本科生、硕士生、博士生中哪个类别的拒签率数据更有问题，哪个专业的拒签率高，哪个学校拒签率高，等等。

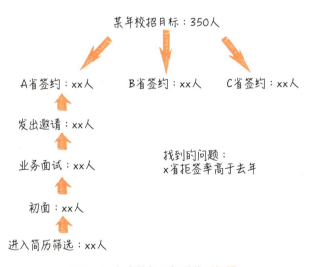

图 2-5　复盘校招目标后找到问题

虽然不同行业、不同公司的业务模式非常不一样，但是这个工具的结构还是有相当多的适用场景的。我们曾经把这个工具用于医药行业的销售管理、IT 公司 B 端销售的业务管理、电商业绩复盘等。不同的行业业务逻辑不同，过程指标的选取不同，但是目标体系的框架基本差别不大。

使用这个工具时的注意事项

在使用这个工具的时候，找到哪个过程指标没有达成是非常关键的。总目标是否达成，在复盘前早已知道，所以更应该详细地识别是哪个产品、哪个渠道或哪个区域拖后腿了，好让接下来的历程回顾更加聚焦。

使用这个工具时，容易碰到的一个难点是"**总目标是清晰且量化的，不过各个路径和过程指标是缺失的，该怎么办**"。出现这种情况的原因主要是管理者的管理还不够成熟，对自己要达成的目标仅有一个大的、结果性的要求，而没有想清楚达成的过程与路径，因此也缺少更细化的目标。

一家游戏公司在某款游戏周年庆的时候，花费资源进行了一次拉新粉丝的活动，在活动结束后，运营团队知道大的目标并未达成，想进行一次复盘。运营经理迈克（Mac）想利用这个工具来找到更加细分的问题。他把自己前期的目标体系做了梳理（见图 2-6）。

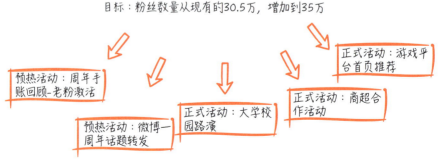

目标：粉丝数量从现有的30.5万，增加到35万

预热活动：周年手账回顾-老粉激活

预热活动：微博一周年话题转发

正式活动：大学校园路演

正式活动：商超合作活动

正式活动：游戏平台首页推荐

图 2-6　活动前期的目标体系

在拆解完毕后，Mac 马上就发现了一个很重要的问题。自己在最开始设定了粉丝增长的大目标（从 30.3 万增长到 35 万），且计划通过 5 个活动（路径）来实现，不过他并没有设定每个活动应该带来多少新粉丝，更别提每个活动的过程中应该设定哪些管理目标了。

活动结束后，他可以非常清晰地统计出不同活动的结果（点击率、转发率、粉丝转化率等），现在为了复盘，只能让团队先凭着主观的直觉来判断一下哪个结果不错、哪个结果不好。例如对"大学校园路演"这个活动，他的感受非常不好，不仅仅是增加的粉丝人数远远低于自己的预期，而且每个新粉丝的增加成本还很高；而"商超合作活动"的效果他觉得还不错，因为商超反映效果好，想要继续合作。

我们可以在前期目标缺失的时候，允许管理者凭着自己的直觉补足缺失的目标，不过这也仅限于第一次复盘而已。在这次复盘后，Mac 获得的最大收获就是未来要制定不同活动或路径的细分目标，以及每个活动的过程指标。

在使用"量化目标体系"来进行系统扫描、识别问题的时候，如果仅有大的结果性指标，而路径和过程性的细分目标缺失，那么在复盘环节中有三种方式可以弥补。

参考行业或公司其他团队的平均水平。比如在 Mac 的例子中，如果他有公司类似的运营活动的一些数据，就可以比对一下，判断出自己团队在这些细分的小活动上到底做得好还是不太好。

与自己团队上一周期的数据进行对比。如果 Mac 的团队去年也做过周年庆活动，那么至少可以和去年对比。当然在这个真实的例子中，Mac 并没有之前的数据。

管理者凭借"直觉"来补足这些缺失的目标，正如 Mac 这次所做的一样。这种方式是不得已而为之，应该尽量避免。

从这个小案例中，我的收获是"量化目标体系"这个工具在识别问题上非常简单，但是对管理者前期管理的精细度要求却比较高。前期管理得越细致，目标越详细精准，复盘阶段定位问题就越容易。

工具二：多维度标准

🔍 工具与应用举例

"多维度标准"采用与"量化目标体系"不一样的结构来扫描与评价一个项目，找到过程中做得好或不好的方面。通常，这个工具会采用下面的双表格式（见表 2-1）。

表 2-1 "多维度标准"工具

评价维度	评价标准	所复盘项目的结果

这个小工具不像前一个工具一样必须有量化的目标结果，也不一定要有达成目标的几条路径及过程指标。相反，它让我们思考可以从哪些维度来衡

量一件事情的质量及标准是什么，进而做好关键问题的识别。

乔伊（Joey）是某家电子产品华东区渠道总监。这家公司的业务模式为渠道代理模式，公司设计生产了各类产品后，并不直接面向消费者销售，而是通过经销商铺货到线上线下的各类店铺，由加盟的经销商来负责达成业绩结果。每个省都有一个大的经销商，而这个经销商会在省内布置一个复杂的销售网络，包括二级经销商、专营店、合作社区店等。

Joey 是代表公司来管理区域内的大经销商的，他要确保商品通路顺畅，要优化经销商管理，通过提升经销商的利润率来实现公司与经销商的双赢。在这样的背景下，他会经常参加经销商的业绩经营会，不断了解和摸索经销商经营的规律。慢慢地，他心中就形成了一把"标尺"——对于一个经销商来讲，如果想实现高盈利，应该从哪几个维度来管理和优化。在他心中，这把"标尺"长这个样子（见表 2-2）。

表 2-2　评价标尺

评价维度	评价标准
进货成本尽量低	平均进货价格不能高于公司的平均线
	进货完成度达到 100%
出货价格尽量高（依赖增值服务）	紧密度： 公司品牌产品占比在各类门店中要超过 70%
	离散度： 合作的门店越多、越分散越好
	健康度： 专营店：合作社区店：二级批发商为 5:4:1
费用控制尽量低（1% 的费率）	应付周转 >14 天
	应收周转 <10 天
	数字化运营程度越高越好

在表 2-2 里，Joey 从三个大的维度来评价一家经销商门店的经营质量，在不同的维度下设定了不同的标准。这些标准有些是量化的，有些则不是。

当 Joey 去参加某个经销商的经营分析会时，他就会请经销商把相关的数据拿出来，并用这个标准去衡量，快速诊断这家经销商在经营上有什么问题点。比如 M 经销商可能就会给出下面的数据（见表 2-3）。

表 2-3　多维度标准与 M 经销商的数据

评价维度	评价标准	M 经销商取得的结果
进货成本尽量低	平均进货价格不能高于公司的平均线	OK
	进货完成度达到 100%	暂时没有数据
出货价格尽量高（依赖增值服务）	紧密度：公司品牌产品占比在各类门店中要超过 70%	OK（达到 95%）
	高散度：合作的门店越多、越分散越好	OK
	健康度： 专营店∶合作社区店∶二级批发的比例为 5∶4∶1	专营店∶合作社区店∶二级批发商为 1∶2∶7
费用控制尽量低（1% 的费率）	应付周转 >14 天	OK
	应收周转 <10 天	应收周转为 14 天
	数字化运营程度越高越好	20% 业务完成了数字化运营转型

经过这样的对比，我们可以快速识别 M 经销商有以下几个问题点。

- 紧密度高（在渠道中公司品牌的产品占比高达 95%，比例越高，表明客户越忠诚），这是一个超出预期的好问题点。

- 健康度不达标，三类渠道商的比例倒挂，这意味着这家经销商的经营结构比较传统，主要业务由几个大的二级经销商来完成。在电子产品已经由卖方市场转向完全的买方市场的大背景下，应该布局更多小的社区商店和专营店。这个健康度指标不达标，意味着这家经销商很有可能在不远的将来遇到大麻烦。

- 应收周转为 14 天，高于 10 天。

接下来，Joey 可以带领这家经销商围绕这几个问题点，把更多数据、现状、管理历程做好回顾，进行分析。

在运用这种工具找到问题点后，对问题点的描述可以采用下面的句式。

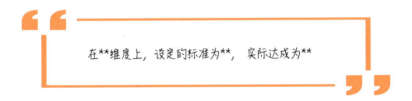

在**维度上，设定的标准为**，实际达成为**

在接下来的回顾历程阶段中，就可以围绕这个细分的标准进行回顾了。

这个工具的适用场景

适用"多维度标准"这个工具的复盘项目多数有两个特征：第一，项目质量好坏的评价标准大多是多维度、多角度的，而不是单一的；第二，这类项目大概率有一定重复性，复盘人员有一定的经验累积和洞察，可以制定出标准。

在上面提到的 Joey 的案例里，Joey 在这家公司担任渠道管理多年，在工作期间不断去拜访各类经销商，参加他们各种各样的会议，对经销商的经营规律和经验有非常多的感悟，因此他可以设计出这样的表格。在与他的沟通中，他还告诉我他的这个表格是不断迭代的，随着经营环境的变化，会将新的标准加进来，还会将不合适的标准剔除出去。

基于这样的认知，我们认为这个工具比较适合一些常规交付项目、连锁门店及任何工作重复性较高项目的复盘。

常规的、重复性较高的一些交付项目的复盘。汽车配件厂商每年都会与不同的汽车品牌商合作，根据他们的需求来研发并交付产品，这类项目可大可小。一家厂商想复盘某一次交付项目的客户满意度如何，它从产品需求满足、准交率、客户响应速度等多个维度设定了一些标准，来衡量这次交付的质量。

连锁门店复盘。连锁门店的结构、产品、用户群高度一致，如果公司有几十家连锁门店，有的经营得好，有的经营得不好，就可以基于优秀的实践，梳理出一套衡量门店经营状况的多维度标准（类似上面的案例），把这个标准作为一把尺子，去定期衡量每个门店的现有水平，找到问题点去优化。

其实每个人如果审视一下自己的工作现状，就都能找到一些重复的情境，而这些情境大概率是可以自己梳理标准的。例如，我是一名培训师，经常会给客户讲授某个主题的课程，每年可能要讲几十次，那么我完全可以梳理出来，一次好的课程交付应该从哪些维度来衡量，比如学员的课后评价、现场的活跃程度、案例的定制化、业务发起者的反馈、课后实践的质量等。反思一下自己现有的工作内容，一定找得到可以梳理标准的事项。尝试把标准梳理出来，并在未来的复盘中使用它。

🔍 使用这个工具时的注意事项

在使用"多维度标准"这个工具的时候，我们遇到的最大挑战就是对标准的上下认知不一致，或上下游团队、跨部门团队的认知不一致（见图 2-7）。

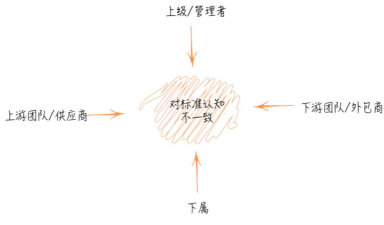

图 2-7　标准认知不一致

某个游戏公司在城市里开设了一家咖啡馆，目的是运营一些和游戏 IP 相关的活动。这家咖啡馆在年底进行了一次复盘，项目经理非常开心，因为咖啡馆获得了非常不错的盈利。

在复盘会议上，当她兴致勃勃地呈现自己的数据结果时，她的经理突然问了一个问题："你觉得我们公司开设这个咖啡馆的目的是什么？"这位项目经理稍微愣了一下，她没太理解经理为什么突然问这个问题。

后面，经理解释了自己的看法：他认为开设一个咖啡馆，盈利只是衡量效果的一个维度，更重要的维度是，这家咖啡馆是不是帮助游戏增强了粉丝的黏性。这个维度的衡量标准为，咖啡馆组织的活动是不是带来了足够的社会声量，是不是让粉丝有了非常好的体验，让粉丝变得更加忠诚等。这就是一个典型的上下级对标准没有形成共识的例子。

艾伦（Allen）是一家互联网企业某个产品团队的质检（QA）经理，每次版本迭代上线前，质检团队都焦头烂额地忙着进行测试。某次上线的版本故障数目有些多，于是团队在版本上线后组织了一次复盘。

在复盘的时候，大家先就"团队如何做好一次版本迭代的质检"开发了一些标准（这已经是一个常规性的重复场景，大家有足够的经验来开发不同维度的标准）。在这个标准里，有一条是"产品策划团队必须在某个时间节点前提交最终的需求，以确保质检团队有充足的时间进行测试"。

围绕这一条标准，Allen 和产品策划团队吵得不可开交。Allen 认为这条标准非常重要，这次就是因为在上线的前一天晚上还在改需求，导致质检团队根本没办法工作；产品策划团队则认为这是不太可能实现的，团队对用户的需求理解能力还不足以支持这个诉求。

这个情形就是典型的协作团队对某些标准各有各的看法、各有各的诉求。把这个标准讨论清楚且达成共识是非常有价值的。明确这个标准，也是团队形成"什么对我们最重要"共识的过程。在这个产品团队中，大家明确认为把用户的需求放在首位是最重要的，因此要适度允许产品团队对需求进行调整。这样一来，团队对质检团队的质量标准要求是可以适度放宽的。

在运用"多维度标准"这个工具的时候，非常有价值的部分在于引导上下级、跨部门团队就这个"标准"来达成共识，且这个标准不会也不应该是一成不变的，它一定会随着客观环境的变化，以及我们对所复盘事件认知的加深而迭代。

依托标准进行的复盘，一个重要的产出就是检查这个标准是否合理。在进行后续的原因分析时，可以反思一下是不是标准定得太高了、太低了或者缺失了一些标准等。

标准逐步完善后，还可以用这个标准来进行项目管理。

小 Q 是一家互联网公司的项目经理，负责管理公司的一个内容外包平台，当业务团队有内容开发需求的时候，就会来寻求小 Q 的协助，小 Q 会在这个平台上找到最合适的外包商来完成业务的开发任务。

公司对小 Q 的要求是，尽量用最节省的成本完成各项外包任务。可是小 Q 发现，在实际的项目交付过程中，总有一些项目要反复修改。外包商提供的内容质量不达标，不仅会延期，还会耗费很大的成本。于是小 Q 在每完成一次外包项目后都会做一次复盘。在识别每次项目的亮点和不足的时候，他会依托一个自己整理出来的"多维度标准"。他认为一个项目如果想按期、按质、在成本范围内交付的话，最好达到下面的标准（见表 2-4）。

表 2-4　外包项目的多维度标准

	评价维度	评价标准
发出需求的业务方	编写制作规范	按照平台提供的模板填写完整、详细
	提出需求的对接人保持稳定	关键岗位备份 1:1
	开发过程做好监控	每周两次与外包商开会，追踪进展
	控制需求变更范围	需求变更控制在 20% 以内
	对外包团队提供培训	每个季度 1 次
	……	

（续表）

	评价维度	评价标准
承接需求的外包方	承接制作规范	按照平台提供的模板，总结并输出详细的开发规范
	开发团队人员的稳定性	新人和老人的配比为 1:1
	返工迭代	每个单项任务返工控制在 2 次以内
	内部培训	每个月 1 次
	……	

每当一个延期或超出预算的项目出现时，他都会马上拿这个标准来快速识别一下是哪里出了问题，并找到相关的事实去分析原因。他可能会发现，只用这些标准还不够，还需要增加一些新的标准。

他复盘的项目越多，这个工具就越精准。这个工具成熟到一定程度时，小 Q 发现他完全可以用这个工具来做好项目的前期管理，而不是仅仅在项目结束、复盘的时候把这个标准拿出来。在立项和项目进行过程中，还可以不断拿这个标准来检查项目的健康度，提前提示风险。确保每个标准在交付的过程中都是达成的，就能最大限度保证一个项目结果的确定性。

工具三：阶段状态

工具与应用举例

第三个可以用于识别复盘项目中关键问题的工具是"**阶段状态**"。如果发现前两种工具都用不了，既没有量化的"目标体系"，又没有足够的经验梳理出可以评价的"标准"，那就可以回归最原始的方式来找问题——把事件发生的过程与它的预期状态进行对比。这个工具的基本样子如下（见表2-5）。

表 2-5 阶段状态

阶段	预期状态	实际情况及取得的结果	这个阶段的亮点	这个阶段的不足

使用这个工具的时候，我们建议先把整个事件切割成几个大的阶段，一般来讲3~5个阶段就可以了，然后团队一起讨论每个阶段的预期状态或应有状态，再把复盘项目所取得的结果拿过来进行对比，找亮点与不足。让我们来看一下这个工具的应用案例。

小颖是某家青少年营养品公司的中央市场部团队负责人，在2021年年末到2022年年初，中央市场部组织了一次范围比较大的新产品知识培训。在培训结束后，小颖收到反馈，这次培训项目效果不好，业务部门反映"没用"，于是小颖决定拉上所有项目组的成员一起来进行一次复盘，找找原因，看看该如何改进。

我们也参与到这次复盘中。在了解了这个项目的一般信息后，我们发现它很难用目标体系的方式来找问题，因为如果一定要提到"量化的目标体系"，那么团队在最开始只有一个目标，就是培训覆盖人数达标。这个目标达到了，但很显然，项目的效果并不好，所以这个工具找不到真正的问题。

我们又开始考虑是不是可以先梳理一个衡量产品培训类项目的标准，把应该审视的角度都罗列全，并列出标准。小颖表示这也比较难，因为除了她，其他团队成员都是新人，很多人都是第一次参与这样的项目，肯定梳理不出好的标准。

于是，我们考虑用第三种工具来识别问题。我们把项目大概分成了三个阶段：需求分析阶段、培训交付阶段及最后的项目落地阶段。依据表 2-5 的结构填写，我们就可以看到当时每个阶段大概发生了什么。在"预期状态"这一列中，罗列的便是比较普适性的要求。

- 在需求分析阶段，需求就是方案应该获得业务部门认可。
- 在培训交付阶段，要按计划执行，且保证学员考试达标。
- 在最后的项目落地阶段，要能看出培训对业务有用。

这些要求和期望可能在前期没有被明确表达，现在需要被非常清晰地说明白。它们也未必需要具备非常好的经验累积才说得出来，因为对这些状态的描述属于"马后炮"，我们允许它是主观的、模糊的。

在梳理完这个部分后，我们就可以识别出这个项目的问题在哪里了（见表 2-6）。

如表 2-6 所示，项目组找到了五个关键点，其中一个是做得好的地方，其余四个是不达预期的。每个关键点的指向都不太一致，项目组接下来要做的是选择自己想要聚焦的点，去做历程回顾及原因分析。

运用这种工具找到问题后，对问题的描述需要特别注意，我们建议从结果、现象中去相对客观地描述问题，尤其注意不要把原因带入其中。

表 2-6　项目阶段状态

阶段	预期状态	实际情况及取得的结果	这个阶段的亮点	这个阶段的不足
需求分析阶段	• 整合不同业务部门的需求，并根据需求开发课件	• 鄂豫南分部提出某产品代表培训需求，中央市场部马上成立项目组，设计了培训+角色扮演练的培训方案 • 之后收到多个区域组织的类似需求。中央市场部整合需求来似，认为需求相似，按照云前既定方案开发了培训内容，以扫盲为目标		
培训交付阶段	• 培训按计划执行完毕 • 学员学习体验好，考试达标	• 12月连续7天，每天晚上直播培训，上线人群高达1000人，人群和当初设定的目标人群有出入 • 培训后的产品知识考试通过率不达预期 • 2022年年初，受环境影响，原定的区域角色扮演练及二次培训暂停，紧接着是春节假期，假期后项目没有跟踪	• 线上培训触及人群非常大，培训的性价比很高	• 参训的目标人群和云前预期的不一致 • 学员培训后的产品知识考试通过率未达预期目标 • 原定的区域角色扮演练和二次培训未执行
项目落地阶段	• 被培训的学员在工作岗位上运用所学习到的知识，支持他们做业务	• 假期结束后，组织架构和销售模式进行了一次调整，导致需掌握产品知识的人群有好大 • 业务部门反馈培训效果不好		• 业务部门反馈学员的产品知识掌握得不好

例如，在这个案例中，我们可以把问题描述为"原定的区域角色扮演演练与二次培训未按计划执行"，而不要写成"受环境影响，原定的区域角色扮演演练与二次培训暂停"。带入原因的问题描述会限制后面原因发散的空间。

这个工具的适用场景

"阶段状态"这个工具基于适用于所有的场景，它最基本的逻辑就是按照时间线（阶段）把项目发生的过程进行粗扫描，与预期的状态进行对比来找问题。

在实际规划复盘的时候，我们往往把这个工具放在最后，先判断是不是可以用"量化目标体系"的工具来找问题；如果不行，再看看是不是可以用"多维度标准"的工具来找问题；如果这个也不行，那么就只能采用"阶段状态"这个工具了。在我看来，"量化目标体系"是最客观地进行扫描与识别问题的工具，"多维度标准"次之，"阶段状态"是最主观的找问题工具。因此整体来讲，"阶段状态"这个工具适合前期目标缺失或模糊，过往也缺少足够的经验去设定合理标准的项目。

这里，有两类项目尤为突出，比较适合"阶段状态"这个工具。

第一类是一些偶发的、突发性事件的复盘，例如一次技术故障、客户投诉、交通事故的复盘等。我们通常要回顾它发生与解决的过程，将其分解成若干大的阶段，为每个阶段设定一些"预期的状态"来确认每个阶段是不是达到了预期。

第二类是一些创新类事件或项目的复盘。有些创新类项目的特点是"摸着石头过河"，它们往往源于一次突发奇想。因为是创新类的事情，所以不知道如何定目标，达成路径也不清晰。因此，在复盘的时候，可以将最开始的信息收集、调研、想法形成，到一步步实现的过程拆解成大的阶段，并且"马后炮"似的分析一下，当时的每个阶段应该达到什么样的状态或者应该取得什么结果，来梳理一下过程中的亮点和不足。

在使用这个工具的时候，不需要把阶段切割得过于细碎，一般来讲，3~5个阶段就可以了。这个扫描的过程是一个粗扫描，找到一些大的问题即可。在复盘进行到下一阶段的时候，我们其实会需要团队就识别的问题进行详细的历程回顾。这两个阶段的区别就在于"状态扫描"是粗颗粒度的，是对项目进行整体扫描，识别出问题即可；而"回顾历程"则是细颗粒度的，要围绕找到的问题展开，越详细越好，以便为后面的原因分析做好充分的准备。

使用这个工具时的注意事项

在使用"阶段状态"这个工具的时候，我们遇到的比较常见的一个问题就是，对于"预期状态"和"应有状态"这个部分，团队不知道该如何描述，不了解每个阶段的"预期状态"是怎么得出的。在实践中，我们认为可以通过下面两个角度得出。

第一个角度是项目发起者的一些看法。因此，可以在复盘会议前，先请发起者自己思考并梳理一下，自己对这个阶段的预期是什么。很多时候，项目发起者在前期发起项目的时候可能都没有仔细想清楚自己的预期，但到了这个阶段，反倒更容易说清楚自己的预期是什么。

一家金融机构在某年花费了不少培训预算执行了"内训师培养"项目，回顾项目最开始立项的时候，发起者莎拉（Sara）只提到了一个目标——"促进公司优秀员工的多元化发展"，这是一个宏大而不清晰的目标，对于找问题帮助不大。于是在复盘前，我们就决定使用"阶段状态"这个工具，并与Sara进行了一次访谈，把每个环节她的预期或者说"应有状态"进行了梳理并描述出来，作为工作坊的复盘参与者识别亮点与不足的依托。

我们和项目组一起对各个阶段的一些基本事实和数据进行了梳理，让复盘参与者可以更好地扫描出问题。

最后，我们在复盘工作坊开始前，整理出了这样的分析表格（见表2-7）。

带着这样的表格，我们进入了复盘工作坊的第一个阶段"系统扫描"。在结束了短暂的暖场环节后，我们把上述表格信息呈现给了所有的现场人员，完成了三个环节的工作，收集到大家对亮点和不足的普遍共识。

1. 先请每个人结合自己参与过程中的感受，参考"发起者的预期"及"实际情况及取得的结果"梳理一下自己认为的亮点和不足。

2. 在每个人花时间梳理完后，我们把复盘的参与者（一共10名左右）分成两个小组，让每个人在组内分享自己的输出，并且小组最后梳理出每个阶段最重要的、一定不能遗漏的3个关键点（可以是亮点，也可以是不足）来汇报。

表 2-7　各阶段基本事实和数据梳理

阶段	发起者的预期	实际情况及取得的结果	这个阶段亮点	这个阶段的不足
选拔	• 更多的人以发自内心的动机来参与项目 • 有高层人员的参与作为榜样 • 有经验/感兴趣的、爱钻研的人参与进来，做更多主动分享	• 有效报名人数139名 • 一共有43名员工进入第一梯队 • 最终选拔20位候选讲师 • 讲师里有1位高管，其余都是中基层管理者		
培育	• 更加高效地完成能力培养 • 把学习和认证作为优先事项，全程参与 • 帮业务团队更好地达成目标	• 赋能授课技巧、引导技巧等课程全部完成听课15人 • 参与试讲8人 • 2人完成全部认证		
使用	• 按时、按量、按质支付 • 对标准课保持开放，允许讲师进行定制 • 保持黏性	• 七八名讲师进行了3目主内容分享（6场线上分享，覆盖1500多人） • 一些讲师没有分享的场景		

3.两个小组比对答案，合并同类项后，得出了下面的表格（见表 2-8）。

表 2-8　问题点梳理

阶段	亮点	不足
选拔	1.选拔环节激发了大家的意愿 2.选拔进来的候选讲师都是各个业务团队的精英人员，有很好的业务基础	1.没能选拔出有特色的人员 2.没通过选拔环节的人后续没有追踪和培养
培育	1.给学员赋能了呈现技巧、引导技巧和课程开发技巧，让学员有更多收获感 2.全程都有项目组人员给予阶段性反馈，陪伴体验非常好	1.培养周期太长，时间成本高 2.学员在各个环节请假多，掉队多
使用	有很好的讲课激励机制	学员不知道该如何把自己的经验与标准课结合

一个有意思的发现是，某些亮点和不足是一个事情的两面。比如在培训环节，大家一方面认为给予了学员充分的培养（包括了各种各样的主题）；另一方面，这样做也带来了一个不足：培养周期太长，时间成本高。

这是正常的事情，也无须现在调整，不过在后面要形成共识性解决方案的时候，可以把相关的反馈带进来，让大家用更全面的视角去寻找解决方案。

第二个角度是，我们还可以参考一些基于常识的认知来梳理出每个阶段的"应有状态"。比如在故障发生后的处理阶段，我们的预期可能就是"尽快找到根本原因并解决""解决的成本相对合理"等。可以让团队成员来快速罗列这些预期。

聚焦到关键的问题上

最后，我们想提示一下，不管使用了上面的哪种工具，在分析过后，团队可能都会找到一堆的问题，少则两三个，多则七八个。在这个时候，复盘会议的发起者和引导者需要做一个关键的决定：我们是要保留所有问题，后续对每一个问题都进行深入分析，还是要聚焦到一些关键问题上，其他的问题暂时搁置？

实际执行的过程中，确实有以下两种选择。

第一种，每个问题都保留。对此就要接受一个事实——复盘会议可能会变得冗长复杂，所占用时间大大增加，因为每个被识别的问题都要经历更细致的历程回顾、原因分析，以及后续解决方案的讨论。为了解决这个矛盾，可以规划一系列的复盘研讨会，每次会议主要负责分析一个问题，邀请最相关的人参与。

第二种，只聚焦到最需要讨论的问题上，其他的问题暂时搁置。怎么能够识别出最该聚焦的问题呢？管理者可以依赖自己的判断，觉得哪个问题是我现在更关注的，哪个问题更有深入交流的价值，哪个问题对未来更重要等；也有一些管理者在这个环节更愿意听取团队成员的意见，这个时候就可以让大家通过投票的方式来选出团队认为最重要的问题。

在上面提到的"内训师培养项目"的复盘中，在走到"系统扫描——找问题"的最后一个环节时，我们决定让所有参与复盘的人进行投票，来选择最急需在后面的研讨中深入讨论的问题。于是，我们给每个成员 5 票的选择权，选取自己认为最关键的问题。

"系统扫描"阶段的会议组织与引导技巧

在复盘的第一个阶段"系统扫描"中，最重要的会议组织技巧其实是在会前。在明确了要复盘的事件后，管理者就可以初步判断使用哪个工具比较合适，并围绕所选用的工具来提前准备好数据和信息；如果你只是一个专业的引导者，那么就可以找到项目的发起者，先对要复盘的事情有一些初步了解，接下来判断使用哪个工具比较合适，并做好相应的数据和信息准备。

如果你选择的是"量化目标体系"这个工具，那么所有相关的数据，包括前期制定的大目标、路径目标、过程指标及相对应的结果，都应该在复盘会议前收集齐全，进行对比，甚至应该把找到的问题都清晰地罗列出来（见图 2-8）。

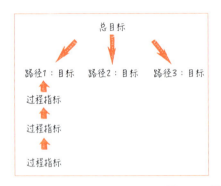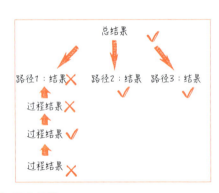

图 2-8　罗列目标和结果

在复盘会议上，把前期的目标和取得的结果清晰地展示出来，并且罗列出找到的问题点。这个阶段不需要过多的讨论，因为不管是目标还是结果，都是清晰的事实，找到的问题点也是比较客观的，团队可以花最少的时间在问题识别上，把重点放在复盘的后续阶段上。

如果你选择的是"多维度标准"这个工具，那么可能会有两种操作方式。

第一种，在复盘会议前先梳理标准。这个标准可以依托组织里的最佳实践进行梳理。如果团队之前并没有机会看到这个标准或没有就此达成共识，那么复盘会议的第一个动作就是先介绍这个标准，并请团队成员分享自己的看法。在达成共识后，用它识别这次项目的问题点。

第二种，把达成标准共识的环节放在复盘会议上进行，引导团队共同讨论梳理。这种方式的风险在于耗时可能会过长，优点在于大家都充分参与了标准输出的过程，后续对它的认可度会更高。

如果你选择的是"阶段状态"这个工具，那么需要在会议前做好以下准备。

一方面，我们最好提前把大的阶段切割好，围绕每个阶段，把已经确定取得的结果和过程中的一些关键事件做好描述。

另一方面，发起者的预期状态可以通过提前访谈获得。如果你自己就是项目的发起者，你也可以花些时间把自己对每一个阶段的预期理想状态描述一下，以方便其他人员在会议上参考这个标准来找问题。

小结

在这一章里，我们向大家介绍了三个"系统扫描"阶段可以选用的工具。这是复盘流程的第一个关键阶段，它可以让复盘更加聚焦。

　　"量化目标体系"工具适合在前期就有非常清晰的量化目标，且制定了明确的达成路径或者策略，以及过程指标的复盘项目。很多偏业绩、销售、市场、营销类的事情适合采用这种方式，依托数据找到问题点。

　　"多维度标准"工具适合这样的复盘项目：没办法用单一的目标来识别问题，需要从多个维度来设定"好"或"不好"的标准，而且复盘人员对这类事情有经验累积，足够设定出这样的标准作为复盘起点。

　　"阶段状态"工具是适用范围最广的工具。相当多的项目前期目标模糊，过程不可控因素多，目标和标准都不太适用，对此可以回归到最简单、最原始的方式，按阶段扫描一下项目中发生的事情，与"预期状态"进行对比，找到哪里做得好、哪里做得不好。用这种方式找问题依托于相对主观的标准。

　　在复盘会议前，先对自己要复盘的事情做一个初步的分析，判断一下哪个工具更能帮助自己及团队找到问题，再按照工具的要求做好前期的数据准备和信息准备。

第三章

回顾历程

基于详细事实的研讨，是复盘方法中最大的亮点

Structured
Retrospective

Building a Results-Driven
Evolutionary Team

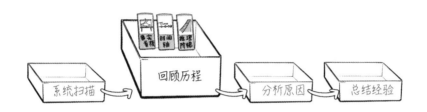

在"系统扫描"阶段有了产出后，复盘就进入到下一个阶段——"回顾历程"。

"回顾历程"是复盘这个工具的亮点阶段。它告诉我们，在找到问题后，先不要着急进入分析原因的阶段，最好能把围绕这个问题的相关事实、信息、数据都呈现出来，让参与复盘研讨的人都能看到更多的相关信息，再来讨论原因。这也是回顾历程阶段的第一个价值点。

让我们先来做一个小小的体验活动。右侧有一张图片，请你专注地看它5秒。5秒之后，翻到下一页，来回答后面的问题。

好，你已经看了 5 秒，请尝试回答下面的问题。

- 图片上是否有一个拳头？
- 图片上是否有一个汉字？
- 图片上是否有两个耳机？
- 图片上是否有一个宇航员在打招呼？
- 图片上的小汽车顶上有什么东西？

好了，现在可以拿开你的手，看看是不是回答正确了。前四个问题的答案都是"是"。第五个问题的答案是"一颗心"。

这个小活动考验你的观察力和记忆力，对于大多数人来说，全部回答正确还是挺有挑战性的。这和在复盘的时候所面临的问题基本是一样的。

团队在复盘一个相对复杂的事情（远远比上面这张图片复杂）时，几乎没有任何一个人看到的信息是完全的。要么是因为我们只负责项目中的一个岗位，缺失了很多其他岗位的视角；要么就是注意力可能被项目中的一些突出性信息吸引，而忽略了一些"无关紧要"的细节（例如，在这张图片中，大多数人都会被篮球、汽车吸引走更多的注意力）；还有一种情况是，我们看到的信息可能并不是表面看上去那样的（例如，图片里有相当多的物体是倒着的，增加了看清的难度），这些都让人们对项目中到底发生了什么有一些认知缺失和误解，而这些认知缺失和误解会带来后续原因分析的"先天不足"。

我们经常经历的情况是，两个人对问题的原因产生了争执，各执己见，详细询问后才发现，这两个人可能都是基于自己在项目中的经历谈原因的。

当他们发现自己没看到，而对方看到的一些信息时，才会恍然大悟（见图3-1）。所以，在扫描完项目、识别出关键问题后，需要把讨论原因的冲动放在一边，先围绕更多的事实和细节进行回顾，再一起讨论原因。

图 3-1 复盘所面临的问题

回顾历程阶段的第二个价值点在于，历程中的各种细节能帮助团队找到一些过往容易忽略的原因，找到一些突破性的结论。如果略过回顾，直接围绕问题去讨论原因，人们就会陷入自己的思维定式中——"这个问题的原因一定是这个"。此时，我们会重复寻找那些我们一直能找到的原因，而当这些原因没有什么新突破的时候，解决方案也就没有突破了。

回顾历程能够让我们从思维定式中找到可能有突破的空间，因为在历程里，有各种各样的细节、感受、情绪，一些被忽略的信息可能让我们有所发现。历程回顾就像在"问题—原因"的自动回路中强行加了一个"楔子"，让自动化的思考变慢，进而让人找到新的可能性（见图3-2）。

图 3-2　回顾历程的作用

一个销售人员复盘了一次自己跟踪了很久的项目丢单的历程。在复盘之前，他认为这次丢单一定是因为价格不如竞争对手，所以才在招投标的环节丢单了。在沉下心来，把销售全流程中的很多细节复原之后，他突然发现，和竞品相比，自己并没有机会与客户的高管层接触，而只是与项目的对接人做紧密的沟通。价格诚然是一个影响结果的可能因素，但是不是有效影响过高管层也是一个非常重要的因素，这个重要原因是在回顾历程的过程中发现的。

回顾历程阶段的第三个价值点在于，事实与历程回顾得越充分，人们在原因分析的环节就越倾向于"承担责任"。事实应该是客观的，发生了就是发生了，没发生就是没发生，是不可辩驳的。大多数原因在回顾事实的时候就已经浮现了，因此前面的事实回顾会让很多人发自内心地承认"这确实是当时做得不够好"，尤其当这一条事实是自己回顾出来的时候，人们就更倾向于承认自己的问题，人的行为和表现是有"一致性"的。

那么，回顾历程这个阶段是不是很容易呢？好像就是把发生过的事情回顾一下而已。事实证明，它并不是很容易，非常多的时候，人们缺少耐心去一点点地整理信息，把历程回顾得"过于单薄"，仅回顾有哪些大的项目节点，缺少细节和血肉，这些都让回顾历程失去了意义。

在回顾历程这个阶段，还有一个尤其需要注意的关键点，就是要紧紧衔接前面识别出来的问题来回顾，不要把项目的全过程都进行复原，而要仅就问题的相关事实和历程进行回顾。

一个项目经理在复盘一个延期了很长时间的内部系统开发的项目，在进行过扫描之后，团队发现最大的问题就出在"需求管理"上。需求的变更过大、过于频繁是团队发现的最重要的问题，因此团队在进行历程回顾的时候，就围绕"需求变更"这个主线，把几次大的需求变更的全部过程都复原出来，对其中不同人思考和沟通的过程进行了复原。与"需求变更"相关性弱的部分，例如正常的开发、验收、项目组成员变化等事情就略掉了。

在这一章里，我们会给大家介绍一些工具，它们能让复盘者时刻聚焦在关键的问题上，让复原的过程更加详细、完整。

三种进行回顾历程的小工具

基本上，围绕"回顾历程"这个环节，需要根据前期识别的问题的"性质"，来看什么工具更加合适。

◆ 如果前期识别的问题点中，"时间"要素不是很明显，问题的发展历程并不是特别关键，那么可以使用**"事实看板"**这个小工具。

◆ 如果前期识别的问题点中，"时间"要素比较明显，过程中发生的事情跌宕起伏，那么可以使用**"时间轴"**这个小工具。

✦ 如果前期识别的问题点是偏"决策"类的问题，比如找到的业务方向
是不是好、做出的选择是不是对，那么可以使用**"推理阶梯"**这个小
工具。

我们在上一章分享过，游戏公司的运营经理 Mac 进行了以拉新粉丝为目
的的活动复盘。他选择"量化目标体系"这个工具，对目标进行了回顾。

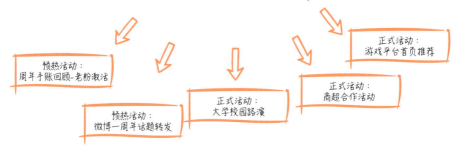

目标：粉丝数量从现有的30.5万，增加到35万

预热活动：
周年手账回顾-老粉激活

预热活动：
微博一周年话题转发

正式活动：
大学校园路演

正式活动：
商超合作活动

正式活动：
游戏平台首页推荐

• Mac 团队识别出的第一个问题点是<u>**"周年手账回顾-老粉激活"这个**</u>
<u>**活动效果好，带来了比预期更多的粉丝**</u>。这个手账是团队中的一位产
品经理设计的，只上线了一天，团队可以在后台看到通过手账收集到
的很多数据。这个问题点的"时间元素"就没有那么明显，活动的机
制更重要一些，那么在回顾历程这个阶段，他可以选择**"事实看板"**
这个小工具。把这个活动的活动机制、活动规则，以及过程中更细分
的数据都摆出来，同时融合一些大家的感受，就可以作为下一阶段分
析原因的基础了。

- Mac 团队识别出的第二个问题点是"微博一周年话题转发效果达到预期，但是过程中引发了一个舆情事件，这个事件的处理不达预期"。我们认为在这个问题处理的过程中，出现的各种细节非常关键，不同的人在不同的节点都做了什么决策非常关键。那么，在回顾历程这个阶段，他可以选择"时间轴"这个工具，把舆情事件从爆发到处理的全过程尽量完整地复原出来，后续可以讨论没有处理好的原因是什么。

- Mac 团队识别出的最后一个问题是"校园路演活动效果不佳"，且Mac 更认为这是一个决策的失误（压根就不应该去校园拉新粉丝），那么团队可以选择"推理阶梯"这个小工具，回顾一下"进校园"这个决策是如何制定出来的，决策机制或决策逻辑是不是有问题。

在这一章里，我们会分别介绍这三个工具的具体使用方法、适用情境以及在复盘会议上如何操作。

工具一：事实看板

工具与应用举例

"事实看板"这个小工具适合前期识别出来的没有明显的"时间"要素的问题，围绕问题点，把现有的 / 发生过的状况和事实尽量罗列出来，让复盘的参与者有一个更全面的视角，看到与这个问题相关的信息。它通常的表现形式是"左"和"右"两块看板，代表两类信息（见图 3-3）。

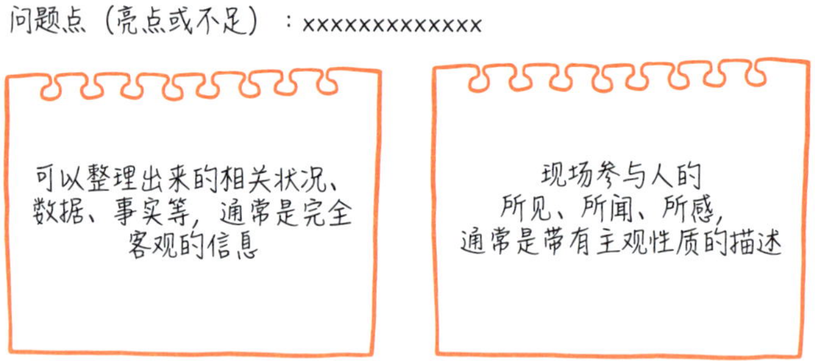

问题点（亮点或不足）：xxxxxxxxxxxxx

可以整理出来的相关状况、数据、事实等，通常是完全客观的信息

现场参与人的所见、所闻、所感，通常是带有主观性质的描述

图 3-3　左右看板

我们建议这样使用它。

1. 把问题点清晰地描述出来，并放在看板上面。这个问题点可以是亮点，也可以是不足。

2. 把与问题点相关的、现有的、可以马上整理出来的各种信息放在左侧的看板里，这些信息都是项目中发生过的事实与数据，只要和问题点相关，就可以摆在这里。

3. 邀请现场进行复盘的人在右侧的看板里，补充放入一些自己作为个体看到的、听到的或感知到的内容。注意这里需要补充的信息，更多的是"过去"发生的事实，而不是"现在"自己的判断。

让我们结合上面的例子，围绕"周年手账回顾 – 老粉激活活动效果好"这个问题点，来示范一下"事实看板"这个工具的使用方式。

在左侧的看板里，团队成员可以把已知的相关信息都先找到，尽量摆放出来；在右侧的看板里，让团队成员分享一下，围绕这个活动大家都听到了什么、看到了什么、发现了什么、自己的感受是什么。注意，这个时候不是在分析"这个活动为什么效果好"，更多的是分享一些参与活动者的主观感受，这些感受的分享有助于团队成员后面去思考原因。参与者们贴上的信息可能包括"××元素非常吸引人，让人很感动""看到粉丝留言说这个活动××方面吸引人"等（见图 3-4）。

问题点：周年手账-老粉激活的活动效果好

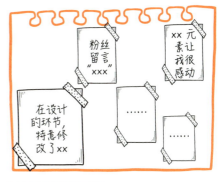

图 3-4　周年手账 – 老粉激活的活动看板

回顾好这些信息后，这个阶段就完成了。把这些信息始终摆放在研讨会议的会议室中，在后面进行原因分析时，团队成员还会时不时地参考这些信息进行讨论。

使用这个工具的注意事项

"事实看板"这个小工具比较简单，但是在使用的过程中也会有容易出现问题的地方。我们分别看看在填写左右两侧的信息时需要注意什么。

✦ "事实看板"的左侧，是客观的信息、事实、数据的汇集地。只要和问题点相关，就可以放到上面去。在实际执行的过程中，这部分的信息很有可能是依赖团队中的某一个人来提供的。例如，在 Mac 的案例中，小 Q 是整个拉新运营活动中"手账"这个模块的负责人，她可能对手账这一部分的各种基础信息和收集到的数据是最熟悉的，可以请她来主要负责整理和提供这部分信息。

因为复盘前期，在第一个阶段识别的问题点是在复盘会议现场识别的，所以项目中的哪些信息可能需要回顾，在很多情境下是没办法提前预测的，这可能会给这个阶段带来一些挑战。例如小 Q 之前并没有系统整理好和手账活动相关的信息，因此当会议上突然让她提供这些信息的时候，她就有可能手忙脚乱，很多信息散落在计算机的不同文件里，需要花点时间整理。不过这个问题并不是特别难解决，管理者们可以让自己团队的成员在复盘前，尽量把和自己工作相关的信息都做好准备。

同时，如果这部分信息可以多利用图表、曲线等让人更加容易理解的方式去呈现，可能会让很多问题点（好的或不好的）暴露得更加明显。例如，如果上面案例中围绕手账的数据可以用图 3-5 这样的图形来表达，大家可能会有更直观的感受：大多数打开手账的人都愿意签署，仅有比较少的人愿意转发等。这些信息都会成为后续分析原因的输入。当然，这些图表可能需要复盘的项目组提前做好准备。

✦ "事实看板"的右侧，放的是现场参与者的个人感受。不过，我们强调，尽量分享"事实"，虽然这些"事实"是参与者从主观角度看到的。

事实是发生过的，是当时真正听到、看到和感受到的，而不是事后的分析和判断。在这个环节，很多团队成员容易马上进入"原因分析"，甚至有人会直接跳到"解决方案"。

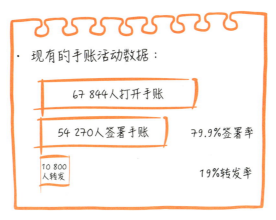

图 3-5　手账活动数据

例如，在上面的研讨中，如果有人在右侧贴上了这样的贴纸，"我们手账的设计特别好，特别打动人，所以后面大家才会转发"，还有"我觉得这个对粉丝要求太高了"，那么我们判定，这些基本都属于站在当下去评价当时的做法，属于原因分析的范畴，可以让大家先"保留"起来，一会儿分析原因的时候再拿出来。

为什么我们要严格控制这个环节分享的是"事实"，而不是"原因"呢？如果这个阶段，我们允许这些判断性的信息作为"事实"摆在上面，就容易让后面的原因分析变得更加局限。在后面的原因分析阶段，我们会邀请大家参看这些"事实"来尽量发散地寻找所有可能的原因，某些人的"判断性"观点或者原因分析的结论摆在上面，会让所有人的发散变得更难。

很多职场上经验丰富的人员，容易快速进入原因分析的状态，诚如前面所提到的，复盘会议应该是一个"拉长"或"延缓"所有人思考过程的机制。

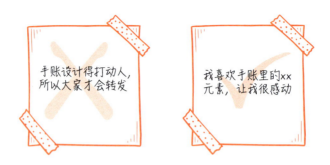

作为复盘的引导者，在"系统扫描"的时候，就只做问题的识别；在"回顾历程"的阶段，就只聚焦在事实层面上；在"分析原因"的时候，就只做原因的探究，尽量不要过快跳入总结经验的部分。我们需要让复盘的节奏更加清晰。

工具二：时间轴

工具与应用举例

"时间轴"这个工具适合回顾有比较明显的"时间"元素的问题，复盘会议的参与者按照时间的顺序来回顾历程就可以了。它通常的表现形式是围绕一根时间轴，来逐步展现信息（见图3-6）。

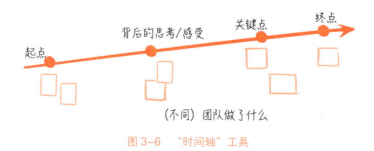

图3-6 "时间轴"工具

我们建议这样使用上面的这个工具。

首先，围绕要回顾的问题，先在轴上标注一下回顾的"起点"和"终点"。围绕前期识别的问题，从哪里开始回顾，回顾到哪里结束，是需要认真思考的问题。比如一个小组在复盘"一个高潜力的校招生离职"这个问题，可以从哪里回顾起呢？是从她走进公司的第一天开始，一直回顾到她离职呢，还是需要从招聘的环节就回顾起？

其次，轴上标注出重要的时间点或节点，尽量不要缺失。可以按照时间顺序，比如用第一天／第一个星期，或者从某月某日开始进行标注；也可以遵循历程中的关键节点，比如"立项会""某结果发布日"等。

再次，在轴的下方，由参与复盘的人员标注在不同的节点都做了什么、看到了什么、听到了什么、当时有什么结果等。不同的角色在相同的日期或节点可以分别标注自己都做了什么。

最后，在轴的上方，可以对应回顾出在不同的节点，自己的心情、感受和当时的所思所想。这个部分不是必需的，如果没有也没关系；如果有，会让历程的回顾更加立体、更加全面。

让我们通过一个小例子来示范一下"时间轴"这个工具的使用。

一家金融机构在 2023 年花费了不少精力在公司内部招募和培养了一批内训师，在年底的项目复盘中，团队在前面的系统扫描环节发现的一个问题是**"销售岗位的内训师们在整个过程中参与度都不高"**，因此他们想围绕这个问题回顾一下项目历程中都发生了什么，作为后续找原因的依托。

项目经理小 S 邀请了四个关键人，包括内训师培养项目组的成员 1 人、销售岗位的内训师2人、负责过程中推荐选派和协调的人力资源合作伙伴（HRBP）1人，并事先在墙上把项目的关键事件点做了罗列（见图3-7）。

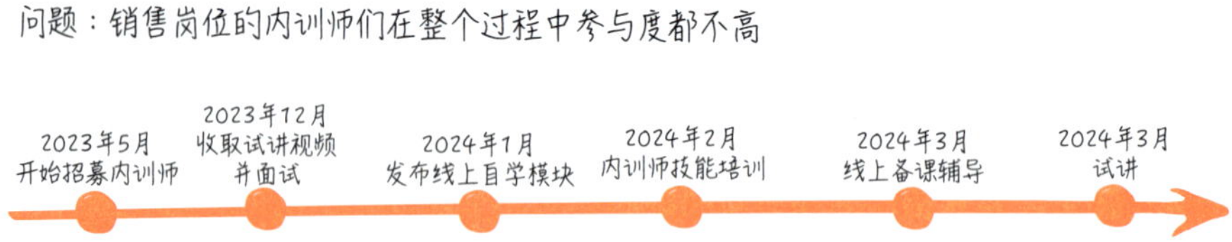

问题：销售岗位的内训师们在整个过程中参与度都不高

图 3-7　内训师培训项目的时间轴

接下来，小S请每个人把自己在各个关键事件点上所做的事情进行回顾，把自己的答案分别写在不同的贴纸上。之后，她邀请每个人按照时间顺序分享自己的所见、所听、所做，分享完一张贴纸后，就把它粘在墙面的对应位置上。每个人都分享完毕后，小S就得到了如图3-8所示的结果。

在这个过程中，如果有人对别人粘贴的信息不理解，可以多提问，请对方澄清，这样，就能让全员尽量完整、全面地了解这个过程中的所有事情，为后面的原因分析打下基础。

◎ 使用这个工具的注意事项

时间轴这个工具非常简单，一根长长的箭头就可以形象地串起全过程。同样，我们在使用它的时候，一定要先牢记一个原则，就是回顾要紧紧围绕前期识别的问题，而不要过于发散。

在大量的项目实践中，我们总结了以下三个比较容易出现的挑战。

问题：销售岗位的内训师们在整个过程中参与度都不高

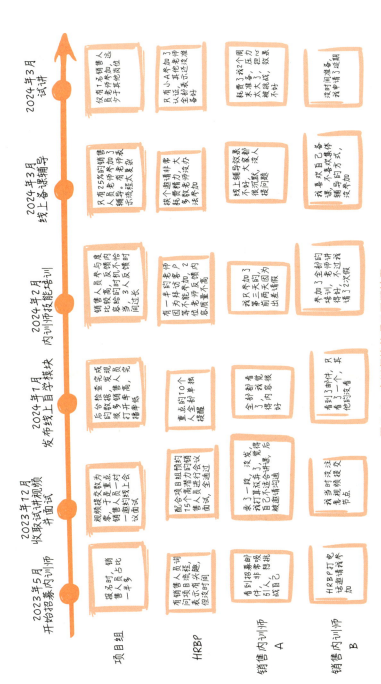

图 3-8　内训师培养项目回顾结果

1. 在运用时间轴来回顾历程的时候，最容易出现的是很多人分享了很多细节，但是粘贴在轴上的信息却不详细，只是罗列了一些关键事件，缺少一些当时发生的细节情况，这是一件很令人遗憾的事情。建议在邀请每个人准备自己在各个节点的信息时，多花时间进行准备与书写，让他们尽量在贴纸上写得详细一些。

我们在某一次给一家客户进行培训的时候，有一个小组想要复盘自己的某个生产设备引入失败的事件。在练习的时候，我看到几位工程师交流得非常热烈，手舞足蹈。我走过去，发现他们罗列在白板纸上的信息如下（见图 3-9）。

问题：xx生产设备引入失效

图 3-9　生产设备引入失败事件时间轴

在这条轴上，罗列的就只是几个关键的节点，我相信在他们交谈的过程中，一定有很多细节已经复原，遗憾的是，这几个人并没有及时做好记录。如果只将这样一根光秃秃的时间轴留到后面的分析原因阶段，那么其实原因分析并不完全基于事实，而只基于他们头脑中已有的认知。

2. 在回顾历程后，很多团队成员容易过早进入"分析原因"的阶段。例如，在上面的内训师培养项目的例子里，销售 B 提到自己没有看到录视频的通知的时候，一旁的 HRBP 马上就评价道："确实，很多人没看到，我们这个通知里没有突出截止日期，而且这个邮件只发了一次，其实应该多发几次。下次我们发邮件的时候，把截止日期直接写在邮件的题目里……"在这里，HRBP 基于发生的事情，不仅分析了原因，甚至都开始讨论解决方案了。在复盘会议上，可以提示大家尽量先不要过早地进入对原因和方案的探讨，聚焦完整的历程回顾是当下的目标。

3. 在这个环节，还可能容易出现一些"争吵"，即不同的人分享的事实有冲突。

在某一次小家电产品研发的复盘上，一位工艺工程师分享道："我当时说明了黑色的外壳对工艺要求比较高，如果做不到的话，我们就换成灰色。"结果他的话音未落，产品经理就马上提出来："我没听到，你当时没跟我说这个。"

在这个时候，我的建议是不去辨别真假，请他们二人都把自己的看法粘贴到时间轴上就可以了。工艺工程师可以粘贴"我反馈了黑色外壳工艺难度大，如果实现不了就换成灰色"；产品经理则可以粘贴"在工艺方案讨论时，没听到工程师的反馈"。后续在分析原因的时候，也许其中一个原因就是产品经理与工艺工程师的沟通有缺失。

工具三：推理阶梯

🔍 工具与应用举例

第三个可以用于回顾历程的工具是"**推理阶梯**"。如果在"系统扫描"

阶段识别出来的问题更多是关于一个决策做得好或不好，或者是对方向、一些事物的判断有误，那么在回顾的过程中，可以把回顾的重点放在这个决策是如何做出的上面。

某一个制作儿童影视作品的公司在某年推出了一个"爆品"，这个产品面向 6~8 岁的男童，以恐龙为主题，推出后市场反响非常好，团队在做整个项目的复盘的时候，认为一个非常大的亮点，就是产品的方向（不管是目标人群的锁定还是主题的锁定）找得准。团队想复原一下当时是如何锁定这个方向、如何做好细分人群定位、如何在众多的选题中筛选中"恐龙"这个主题，而不是"机器战士"这个主题的，看看是不是能找到"爆品的逻辑"。

回顾一个决策是非常不容易的，因为决策的过程一般发生在团队的某个人或者某几个人的头脑中，范围不大，且决策过程是隐性的，很有可能就是"灵光一现"。不管是"事实看板"还是"时间轴"似乎都没什么可以写的。因此，我们给大家推荐一个新的工具——"推理阶梯"，来满足对这类问题的回顾需要。

彼得·圣吉（Peter Senge）在《第五项修炼》里引用了一个模型"推理阶梯"（见图 3-10）。它反映的是一个人在做出决策的过程中会经过哪些步骤，其中很多步骤可能是不自知的。

让我们先用一个生活中的小例子来解释一下这个阶梯。

今天下大雨，可是我没带雨具就走出了家门，回去取伞太麻烦了，不得不承受被雨淋的后果。这明显是我做的一个错误的决策。让我们看看这个决策是如何一步步得出的。

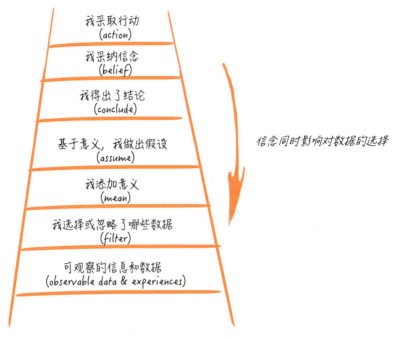

图 3-10　推理阶梯模型

- **可观察的信息和数据**：我打开窗户，看到外面在下雨。

- **选择或忽略了哪些数据**：我看了看地上积水不是特别多，但是没注意到街上的行人在打伞。

- **添加意义**：接下来，我对看到的信息赋予一些意义，认为雨下得不大，应该是毛毛雨。

- **基于意义，做出假设**：我判断雨不大，不会对出行带来影响。

- **得出结论**：我可以出门，而且不需要带伞。

- **采纳信念**：有意思的是，这些结论可能会进一步加深之前就有的一些信念：假设当时的季节是冬天，我固有的印象或认知可能是冬天的雨一般不会下得很大，这次的事情进一步加深了我的这个印象。

- 同时，这个"信念"可能反过来又会影响到前期的一些数据的选取：因为我认为冬天的雨不会太大，所以我完全没有去看行人是不是打伞了，或者看到了也会视而不见。

- **采取行动**：我出门了，没带伞；可能出去后，才发现雨下得还挺大，可是错误的决策已经做出来了。

这个小例子，让我们对决策过程的复盘有了一个基本的了解，我们会发现决策过程复盘有以下两个比较突出的特点。

第一点，这个阶梯上的很多步骤都是在无意识中发生的，一个人做好决策可能也就几秒的时间，但要把无意识的东西复原出来特别有挑战性。

第二点，这个阶梯上最有价值的一个步骤是"信念"，它既是决策中的一个环节，又会不断自我强化。这个机制有点像我们常提到的"信息茧房"。我们对某类信息深信不疑，大数据就会用更多的数据强化我们对这类信息的"信念"。这个步骤非常可能是无觉知的，如果能够让"信念"浮现，进而让我们有挑战它的机会，那么这个复盘就非常有价值了。

基于这个模型，在复原一些"决策类"问题的历程时，可以用下面的问题来牵引决策过程的回顾（见图3-11），让做出决策的人或团队尽量把能想到的信息补充进来，作为后续分析原因的输入。

这些问题可以从底层逐步向上梳理，填写的过程中有以下注意事项。

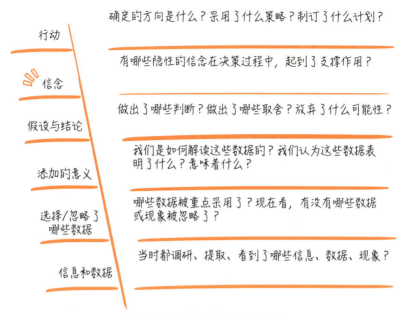

行动　确定的方向是什么？采用了什么策略？制订了什么计划？

信念　有哪些隐性的信念在决策过程中，起到了支撑作用？

假设与结论　做出了哪些判断？做出了哪些取舍？放弃了什么可能性？

添加的意义　我们是如何解读这些数据的？我们认为这些数据表明了什么？意味着什么？

选择/忽略了哪些数据　哪些数据被重点采用了？现在看，有没有哪些数据或现象被忽略了？

信息和数据　当时都调研、提取、看到了哪些信息、数据、现象？

图 3-11　牵引决策过程的回顾

✦ 填写"信息和数据"时，注意可填写的数据不仅仅包括自己公司的数据，还包括竞品的、行业的数据与信息。

✦ 填写"选择/忽略了哪些数据"时，注意被忽略的数据也可以包含公司、竞品、行业等不同维度的数据与信息。如果有些关键信息被忽略了，思考一下是什么让自己当时对这些数据"视而不见"，背后很有可能反映了自己的"信念"。

✦ 填写"添加的意义"时，思考我们对数据的解释是什么，为什么数据会这样，这些都是我们添加的意义。对业务理解不一致的人，对同一数据的解读可能会有不同的答案。

✦ 填写"信念"时，这可能是最不容易填写的一项，需要更多思考：有

85

哪些秉持的理念在影响我们的决策，我们有哪些固有的看法，这些都属于"信念"。

来看一个应用的小例子。

小华是一家游戏公司的制作人，在一个月前，他喊停了一个已经开发运营了半年多的小游戏，认为这个游戏不值得更多的投入。在一个月后，他隐隐约约觉得这个决策好像有点仓促了，因此他想复盘一下这个决策到底在哪里出现了问题，未来如何更好地做出这种重大的商业决策。

他邀请了自己工作室的核心骨干以及另外两个游戏工作室的制作人。这个决策主要是他自己做的，所以在回顾历程这个环节，其他人帮不上什么忙，但是在后面分析原因的阶段，这些人很有可能会给出有价值的分析角度。

于是，小华把自己的决策过程进行了复原（见图 3-12）。

在后续的分析中，小华认为自己确实有这样的思维定式：游戏最重要的就是赚钱。这类游戏有收入天花板，因此他是带着"挑刺"的眼光来看待这个游戏的基础运营数据的，即使这个游戏购买流量的费用要低于竞品，他也会认为这不值一提。另外两个游戏制作人对他的这个"信念"提出了很多异议……

复盘决策类问题时，在回顾历程中识别出隐性的信念是什么，并在后续尝试去挑战它的合理性，是非常有价值的过程。

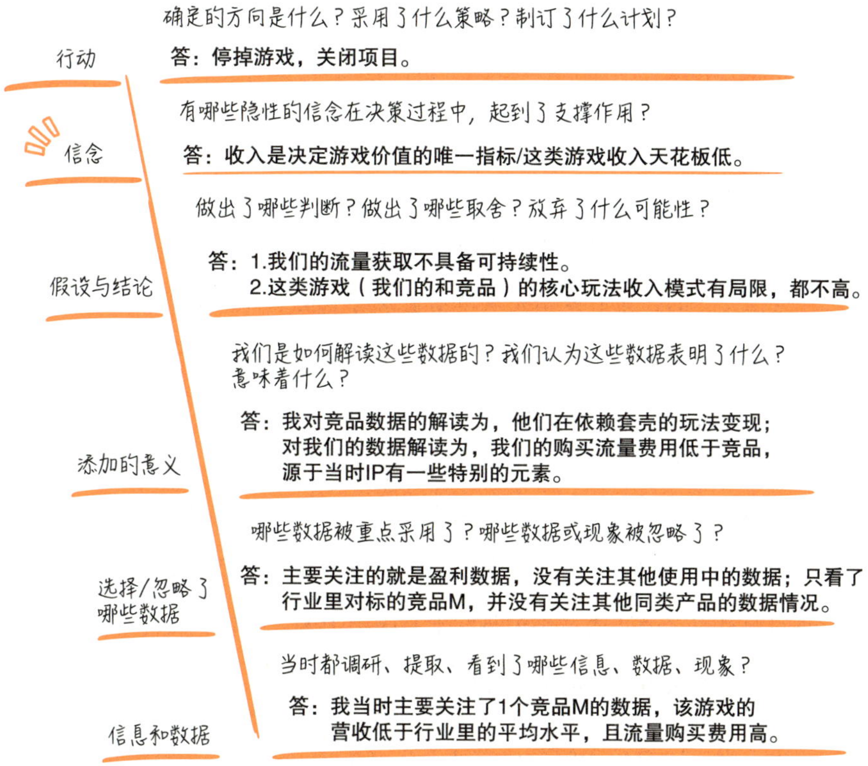

确定的方向是什么？采用了什么策略？制订了什么计划？

行动　　答：停掉游戏，关闭项目。

有哪些隐性的信念在决策过程中，起到了支撑作用？

信念　　答：收入是决定游戏价值的唯一指标/这类游戏收入天花板低。

做出了哪些判断？做出了哪些取舍？放弃了什么可能性？

假设与结论　　答：1.我们的流量获取不具备可持续性。
　　　　　　　　　　　　2.这类游戏（我们的和竞品）的核心玩法收入模式有局限，都不高。

我们是如何解读这些数据的？我们认为这些数据表明了什么？
意味着什么？

添加的意义　　答：我对竞品数据的解读为，他们在依赖套壳的玩法变现；
　　　　　　　　　　对我们的数据解读为，我们的购买流量费用低于竞品，
　　　　　　　　　　源于当时IP有一些特别的元素。

哪些数据被重点采用了？哪些数据或现象被忽略了？

**选择/忽略了
哪些数据**　　答：主要关注的就是盈利数据，没有关注其他使用中的数据；只看了
　　　　　　　　行业里对标的竞品M，并没有关注其他同类产品的数据情况。

当时都调研、提取、看到了哪些信息、数据、现象？

信息和数据　　答：我当时主要关注了1个竞品M的数据，该游戏的
　　　　　　　　　营收低于行业里的平均水平，且流量购买费用高。

图 3-12　小华的决策过程复原

🔍 使用这个工具的注意事项

"推理阶梯"是一个广泛用于理解人的思维模式的工具，它非常好地把我们的决策过程做了细分。在使用这个工具时，第一个挑战点是要敏锐地感知到什么时候需要使用这个工具。

某个团队复盘一次不太成功的市场活动，他们为了拓展市场，去参加了某个城市的区域性大会，但是效果完全没有达到预期。在复盘这个历程的时

候，他们最开始是采用"时间轴"的方式，把这次市场活动全过程的方方面面都复原出来了，但是怎么看都觉得执行的过程并没有太大问题，大家都很努力，也关注到了很多细节。后来，他们突然想到，也许这次不太成功的市场活动是因为"决策"失误，也许最开始就不应该参与这次外地的区域性大会，于是他们就换了一种方式，更多聚焦在回顾当时是如何决定参与这个城市的区域性大会的，当时是不是对市场前景有一些分析、预测或假设等。果然，在换了一种方式后，他们觉得能更好地分析出有价值的结论。

这个工具的第二个挑战点在于，很多决策过程是管理者自己，或者是一个小范围的团队完成的，更多的团队成员对决策的过程参与得少，因此在这个阶段帮不上太多的忙。不过以我们与团队进行复盘的经历来看，这种决策历程的回顾对很多团队成员来说是非常有吸引力的，他们也很想了解决策过程，这对促进团队内的沟通很有好处。

整体来讲，决策质量问题比较适合用"推理阶梯"工具复原决策历程；而偏执行过程的问题比较适合用"事实看板"或"时间轴"工具。

"回顾历程"阶段的会议组织与引导技巧

在介绍了"回顾历程"阶段的三个工具后，让我们一起看一下，在复盘会议上，需要如何操作。

✦ 在复盘会议上，如果复盘的引导者认为"事实看板"是一个比较合适的工具，那么可以在墙面上，布置一左一右两个研讨白板纸。

一定要把前期识别的"问题"清楚地粘贴在上面，提示大家千万不要脱离"问题"，不管是左边的客观信息，还是右边的个人感受，都要围绕"问题"展开。

在分享右边的个人感受时，可以给会议的每个参与者 3~5 张贴纸，先让他们自己写下信息，分享结束后粘贴在右侧。这个环节不需要进行归类整理，只需要有一个平台，让大家从不同角度分享信息即可。

会议室的白板纸可以这样布置（见图 3-13）。

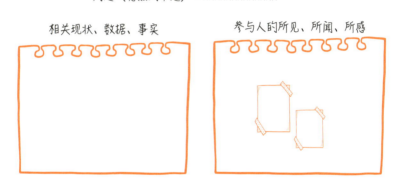

图 3-13　如何布置"事实看板"的白板纸

✦ 在复盘会议上，如果复盘的引导者认为"时间轴"是一个比较合适的工具，那么可以留下充足的墙面画好事件轴，时间轴的起点、终点和过程中的关键事件节点可以先布置好，再要求大家按照这些节点回顾自己的历程。一般来讲，需要大家写在贴纸上。

在汇报的时候，有以下两种完成方式。

第一种，如果人数不多（如 5 人以内），可以按照时间节点来回顾。每到一个节点，每个人分别分享一下自己当时知道的事实，并把贴纸粘贴在墙上，其他人倾听就可以了，不清楚的地方可以提问。

第二种，如果人数比较多，可以让每个人先把自己的贴纸粘贴在墙上，然后邀请大家快速地浏览每个人所写的贴纸，有不理解的地方提出澄清的请求就可以了，确保这个环节不会占用过多的会议时间。

别忘了把问题列在上面作为提示，下面留下充足的空白空间，待团队成员粘贴自己的信息（见图 3-14）。

问题（亮点或不足）：xxxxxxxxxxxxxx

起点　　　　　　　　关键点　　　终点

图 3-14　如何布置时间轴

✦ 在复盘会议上，如果复盘的引导者认为"推理阶梯"是一个比较合适的工具，那么可以把回顾决策的问题写在白板纸上，让参与了决策过程的人花些时间，一层层地把信息填写上去。

参与复盘的人有可能是第一次接触到推理阶梯这个工具，因此复盘会议的引导者可能需要花些时间，对决策的不同层次概念做一些介绍和解释，让参与者能更好地填写。

会议室的白板纸可以这样布置（见图 3-15）。

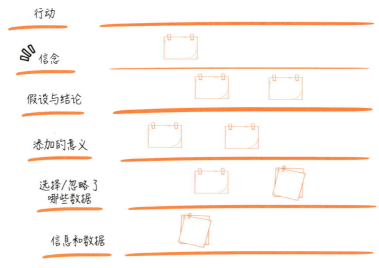

图 3-15　如何布置"推理阶梯"的白板纸

　　如果不同的人都在决策过程中有所参与，可以分别填写自己在不同的决策过程中的信息并互相分享。

小结

　　在这一章里，我们向大家介绍了"回顾历程"阶段可以选用的三个工具。这是复盘流程的第二个阶段，起到了承上启下的衔接作用，前面承接着系统扫描阶段找到的问题，紧紧围绕问题进行回顾；后面衔接着"分析原因"的阶段，为原因分析做好了充分的准备和预先沟通。

- **"事实看板"**工具适合没有明显的"时间线"元素的问题点，更多是关于规则、机制、体系等的问题，应该摆出现状和信息，作为事实的输入。

- **"时间轴"** 工具适合"发生过程"非常重要、过程跌宕起伏、事件在不同的时间节点上一步步推进与发展的问题点。
- **"推理阶梯"** 工具适合"决策"类或"找方向"类的问题点，其过程更加隐性，大多是人的思考过程和分析逻辑。

第四章

分析原因

群策群力，分析原因追求既"全"又"深"

Structured
Retrospective

Building a Results-Driven
Evolutionary Team

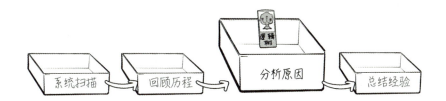

在复盘会议的前半段，我们已经扫描了整个项目，识别了问题，并且对相关的事实或历程进行了回顾，那么接下来，团队成员应该已经准备好进行原因的探究了。分析原因是复盘会议中最为重要的一个阶段，我们期望通过这个阶段获得有价值的真知灼见。

不过，这个阶段也困难重重，主要的挑战来自以下两个方面。

一方面，每个人都有自己的认知边界，对一个事情的认知往往受到过往经验的限制。换句话说，"我们只能找到我们能找到的原因，找不到我们找不到的原因"。

我想请大家看一下下面这段英文，并尝试找出里面的 6 个拼写错误。

6 errors

"You may not belief that there are six errers in this short paragraph. Studi the paragraph carefuly. You may reed it as many times as necessary. Don't give it up too easily. See if you can find all of them."

怎么样，有没有找到 6 个错误？我在课堂上会经常邀请学员来做这个小挑战，大多数人会绞尽脑汁，仔细寻找，但是他们只能找到 5 个拼写错误（belief，errers，studi，carefuly，reed），却怎么也找不到第六个，最后很多人不得不懊恼地放弃，等待我来揭示答案。我的答案是"这段话里只有 5 个错误，而没有 6 个错误"。我给学员的大前提"这里有 6 个错误"本身就是错的。

学员们会觉得这是一个脑筋急转弯，没错，不过它也反映了一个事实：当学员在接受这样的挑战时，他们头脑中有一个自己都没有意识到的假设——"老师给的命题是准确的"或者"老师永远是正确的"，因此他们并没有挑战这个前提和假设，而是拼命地在这段话里找问题，甚至有的学员会固执地把一些拼写正确的词说成是错误的。

一个人在对一个问题进行原因分析的时候，也很容易在一定的"前提和假设"下寻找原因，而且往往意识不到这些前提和假设的存在。

复盘会议是一个团队进行研讨的场景，不同角色的人在共同讨论一个问题的原因。好消息是，不同视角的补充能够拓展个体的认知边界，弥补一个人的盲区；不好的消息是，一个长期在一起工作的团队也有团队的"认知边界"，而且这个认知边界往往与团队的领导者最为相关，在某种程度上，领导者的认知能力决定了团队的认知边界。

因此，如何在分析原因的同时有意识地拓展认知边界，是我们需要关心的一个问题。

另一方面，团队成员在探寻原因的时候，不可避免地会受到"人情"的影响。有的时候，这种影响体现为"甩锅"，尤其是把原因归到外因上，即过度强调外部因素的影响。有的时候，这种影响则体现在讨论问题时，被卷入其中的人可能会自觉或不自觉地为自己辩护，而没有参与其中的人可能会"说软话"，或者"说不痛不痒的话"，问题慢慢变得无人需要负责。

我在某一次引导复盘会议的时候，讨论某个反复发生故障的机器的问题，参与研讨的除了主要的维修技师，还有一些其他团队的工程师。在分析原因的时候，大家一提到维修工程师某个环节没有做到位，就会在前面加上这样的话语："当然，我觉得张工经验很丰富，这个地方肯定不是张工不知道……"总之，大家在分析原因的时候，都在回避直接说出是工程师的问题。慢慢地，整个原因研讨就变得一团和气，人的因素变得非常不明显。

因此，在"分析原因"阶段，管理者可以参考与借助一些思维类的工具，让自己在带领团队找原因的时候，尽量找全原因，尽量把原因挖掘得深入一些，尽量突破自己的思维局限。此外，管理者也非常需要具备一些有效的引导技巧，让大家知无不言、言无不尽、坦诚开放，规避"甩锅"或"老好人"的情况。

可以帮助大家进行原因分析的工具非常多，在进行过不同的尝试后，我们想向大家推荐一个我们认为非常好用的工具——"逻辑树"，来协助团队更好地找原因。这个工具糅合了一些传统的原因分析工具的特点，同时又强调原因之间的逻辑关系，还能够支撑团队在一起做共创、找原因。对于绝大多数的复盘场景来讲，这个工具是好用的。

工具：逻辑树

在分析原因的阶段，我们可以找到很多成熟的工具，比如"鱼骨图""5 why""故障模式和效应分析"（FEMA）等。只要是能帮助团队找到原因的工具都是好工具。我们想介绍的"逻辑树"工具源于麦肯锡咨询公司，可以广泛用于市场分析、策略制订等各种场景，当然，它也是很好的支持团队进行原因分析与整理的工具。

作为一件支持团队讨论和寻找原因的工具，它既能够比较有逻辑地表达原因之间的关系，同时又能够检查原因的分析是不是足够深入，还能连接后面的解决方案的识别。

逻辑树的制作通常需要团队合作，参与者可以通过讨论和思考，共同填充和完善逻辑树的各个部分。

一个问题分析逻辑树通常是这样的：问题描述在最左侧，中间是被分成了几个大类的问题的原因，这几个大类原因应该是"不重不漏"的，即没有缺失的大类原因，几个大类原因之间又有明显的不同（见图4–1）。

完成逻辑树并不容易，在看到问题的时候，大脑本能思考出来的原因大多数不符合"不重不漏"的原则，需要进行调整和有意识地归类才可以。

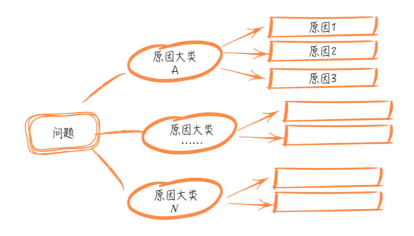

追求"不重不漏"

图 4-1 问题分析逻辑树

　　小 D 是一家疫苗公司的代表，他的工作内容是服务区域里 20 多家疫苗服务中心，提供本公司产品的推广与售后服务。他在某一季度的业绩复盘中，前期通过系统扫描，识别出了一个关键的问题点——"某个高潜力的疫苗中心的大客户 A 的产品使用率不达预期"，他过往花费了不少力气在这个客户的身上，于是他拉着自己的经理和市场部同事一起运用时间轴工具回顾了过去一个季度里他对这个客户所做的拜访与沟通。之后，这三个人开始梳理原因。最开始，他们列举了以下三个他们认为比较大的原因（见图 4-2）。

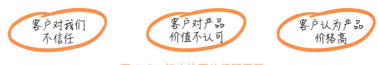

图 4-2 初步梳理的问题原因

　　这些原因可能是这三人平时就萦绕在脑海里的认知，因此在复原完历程后，他们马上就写出了这几个原因。让我们用"不重不漏"的原则来检查一下这几个原因的质量。

首先，这三个原因不符合"不重"的原则，三者之间其实或多或少是有重叠的。比如"客户对我们的不信任"可能既包括对"人"的不信任，即客情关系有问题；又可能包括"对我们的产品不信任"，这与第二条原因"客户对产品价值不认可"基本是一回事；还有，"客户对产品价值不认可"可能包括对产品的疗效、生产工艺不认可，还有可能是认为产品性价比不高，这和"客户认为产品价格高"其实就是一回事。

再来看看是不是满足"不漏"的原则。"不漏"指的是尽量把所有可能的原因都想到，而不要有遗漏。现在这三条原因之间的逻辑关系不是很清楚，我们判断不出来是不是有遗漏。

因此，要确保找到的原因"不重不漏"，一个非常关键的技巧是确保几大类原因之间有清晰的逻辑关系。于是我们尝试重新梳理这个问题的原因，根据对"产品使用率不达预期"这一问题的理解，把原因拆成了三种可能性，然后排除掉不适用的原因（见图 4-3）。

客户要能够充分使用小 D 公司的产品，需要经历三个关键环节：首先是客户能够识别出那些非常适合公司产品的用户；其次是在这类用户身上，优先选用公司的产品，而不是竞品的产品，这就需要客户对产品的各个方面都认可；最后是针对已经选出来的用户，使其全程足量使用产品，而不是本来应该打三针，结果只打了一针。

图 4-3 重新梳理的问题原因

这三大类原因基本是按照流程的顺序做了拆解的，一个客户如果未能充分使用产品，无非就是在这三个环节里的某一个环节没做到。经过进一步的讨论，团队认为这个客户身上并不存在第三类原因，于是就保留了前两大类。

逻辑树的第二层，是在每个大类原因下展开的几个同属这一类别的不同原因。对于每一个大类原因，我们追求能"深挖"下去，看看是不是还可以继续追问"为什么"（见图 4-4）。

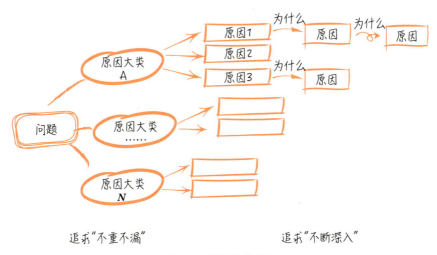

图 4-4 深挖大类原因

这个追问也不是很容易实现的，因为很多时候，不知道该如何追问下去，似乎会追问进死胡同。

在上面的小例子里，围绕"客户未能在目标用户群身上，优先选用我司产品"，团队找到了几个不同的原因，其中一个原因是"代表拜访客户的质量差"，因为很明显拜访频率不够，客户并不愿意见小 D，即使见面也很难有高质量、深入的沟通和对话。那为什么会"拜访质量差"呢？团队归纳的原因为"代表建立客情的能力和专业能力弱"（见图 4-5）。到了这里，似乎就没有办法再继续问为什么了，而且这个问题似乎也没有什么解决方法，员工的能力不是短时间内就能提升的，问题走入了死胡同。

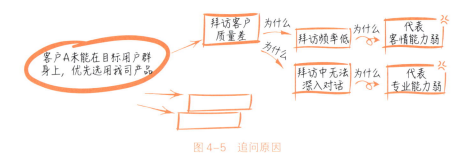

图 4-5　追问原因

因此在追问的环节，管理者们要在追问进入死胡同的时候，知道如何引导团队走出来，朝着更有价值的方向去研讨。我们认为，在把原因归结到人的能力、意识或心态不足的时候，有两种不错的策略可以让原因的探究更加深入或者至少能够更好地找到未来的解法。

第一种策略是探究员工能力不足后的"管理缺失"。 管理的目标、流程、资源和管理者的辅导、反馈、追踪本来就是员工能够更好产出绩效的基础和保证。因此当组织里探究一件事情做不好的原因时，可以找找在管理上是不是也有不足，未来是不是能在更高的层面上解决问题。比如在案例中，还可以追问一下这位代表的销售经理是不是跟着"协访"了，有没有给出一些解决的策略；市场团队是不是没有匹配到更能打动客户的资源等（见图4-6）。

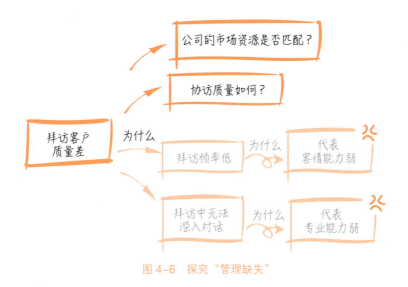

图4-6 探究"管理缺失"

第二种策略是比对"最佳实践"。不纠结于能力是否足够，因为能力提升非常模糊，而要落实到哪些行为是缺失的，进而找到后续可以改进的方向。比如在案例中，可以比对一下优秀的拜访案例或者过程，看看优秀的代表都做出了哪些行为去影响客户，比如"能提供数据、用户成功案例等证据影响客户""能利用有影响力的同行论文来影响客户""能够用疫苗机构的质量数据作为谈话切入口"等（见图4-7），复盘团队可以多罗列一些优秀的行为，看看"能力不足"到底体现在哪些行为上，也能让原因得到进一步深挖。

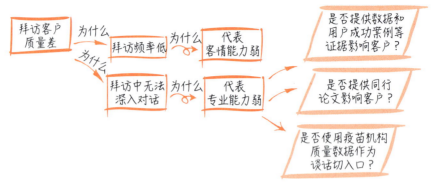

图 4-7 比对"最佳实践"

在识别了"原因大类"和对每个原因进行"深入追问"后，我们就绘制出了一个完整的原因分析的逻辑树（见图 4-8），找到的原因可以顺利衔接"我们要如何解决"，或是指导发现新的洞察。解决方案的梳理我们在这一章先不阐述，但是需要理解这两者的关系。一次复盘会议得出的解决方案的质量和"分析原因"这个阶段的质量息息相关。

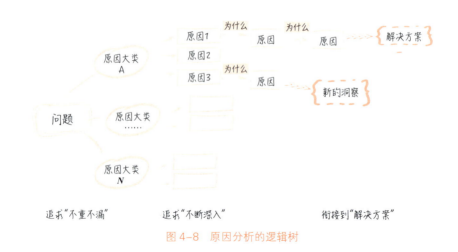

图 4-8 原因分析的逻辑树

范例："逻辑树"及其在复盘会议上的使用

接下来，让我们先来看一个完整的小例子，了解一下"逻辑树"这个工具在复盘会议中的使用。

某游戏公司在某个节假日策划了一场规模比较大的线上线下结合的营销活动，在活动结束后，大家针对这次营销活动进行了一次复盘。在找到的众多问题中，大家一致认为"在某商圈进行的线下拉新粉丝"的活动效果不佳。在这个活动中，运营团队选择了一个繁华的商圈，在现场布置了一个游戏的展示和互动空间，旨在吸引更多的人在现场体验与注册游戏，成为新粉丝。但遗憾的是，这个活动带来的新增粉丝数量远远不及预期，且核算下来每个新增粉丝的成本非常高。在识别完问题后，接下来，大家把这次线下活动当天的历程进行了更加详细的复原后，就进入了分析原因的环节。

运营经理小琴邀请参会的团队成员们先思考一下原因，把自己能想到的所有原因都写在贴纸上，能想到几条就写几条。几分钟后，大家的笔都停下来了，小琴就邀请大家一个个地分享自己想到的原因。在分享的时候，如果有不同意见可以及时提出来，大家都同意的原因则要保留下来；如果有重复的原因，只保留一张贴纸就可以了。这样，在大家都分享完之后，一些原因摆在了大家的面前（见图4-9）。

接下来，小琴需要带着团队一起制作一个"逻辑树"，以便更好地梳理与挖掘原因。首先，第一个环节需要团队把这些原因做一个归类，尽量确保这个归类满足"不重不漏"的原则。经过一番讨论，遵循着活动的时间顺序，团队把原因归成了三大类别（见图4-10）。

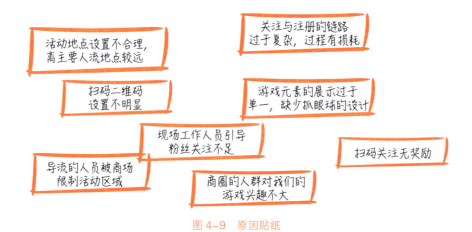

图4-9　原因贴纸

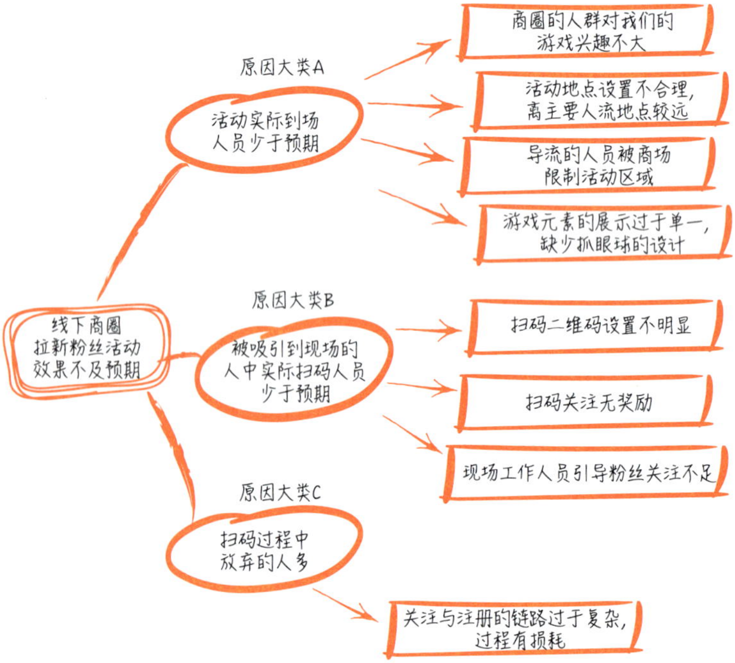

图4-10　原因归类

这三大类原因的逻辑关系基本上像漏斗一样，把原因逐层展开。首先，吸引到现场的人比较少；其次，来的人中愿意扫码成为粉丝的人占比小；最后，就算有人愿意扫码，在过程中放弃的人也比较多。这样摆放好后，对原因的理解会更加清楚。

把大家讨论出来的原因进行归类，并确保这些原因之间的逻辑关系比较清楚，是制作逻辑树的第一个关键环节。这个环节需要复盘会议的引导者自身的逻辑能力比较强，能够对原因进行归类，并对每一类做好清晰的归纳性描述。

接下来，小琴的工作还没有完成，围绕逻辑树上罗列的每个原因，团队还需要继续探寻其背后的原因，也就是针对每个原因都继续追问"为什么会出现这样的情况"，看看团队能有什么更深的思考。对每个原因都可以持续问"为什么"，直到没有必要再问。在持续追问的过程中，也需要一定的方法和技巧，让我们通过对几个原因的追问来了解一下具体的技巧。

- 围绕"商圈的人群对我们的游戏兴趣不大"，小琴询问大家"为什么人们对我们的游戏不感兴趣"，大家的反馈是有不少人看到了我们的活动，但是很多人都没有任何停留或参观的意愿，大家认为"我们的目标人群锁定有误"。团队最开始认为的游戏的粉丝画像为"时尚、年轻的学生"，因此锁定了年轻人聚集的、有二次元特色的商圈作为线下活动区域，但是事实证明来这里的年轻人很少是我们游戏的真正目标玩家。
- 围绕"我们的目标人群锁定有误"，非常值得继续追问"为什么会这样"，大家的答案是"粉丝数据来源过窄（过往粉丝数据收集主要依赖某个视频平台）导致粉丝画像不精准"，那为什么来源过窄呢？大家总结为："最开始，我们做的是一个小游戏，粉丝基本都源于这个平台。后来游戏发展越来越壮大，但粉丝数据平台并没有随着发展而更新。"这个问题问到这里，基本就可以停止问"为什么"了，因为这是典型的发展过程中意识不足的问题，继续追问"为什么"没有太大的必要。

- 围绕"活动地点设置不合理，离主要人流地点较远"，小琴询问团队"为什么我们选择了这个离主要人流远的地点做活动"。团队的反馈是"商场仅允许在特定的范围内搞活动，离餐厅、热门商店近的区域因为人流量大，容易造成消费者不便，不允许摆摊搞活动"。

这看起来像是一个"外部因素"，不需要问"为什么商场不允许在热门区域搞活动"，但是可以把追问的方向从不可控的"外因"转至向内思考的"内因"，即"我们为什么没有针对这个不利因素做好准备或者应对"。围绕这个追问，团队的反馈是"我们之前完全没有意识到地点的问题，没有任何准备方案"。员工缺少对某件事情的"意识"本质上也属于技能不足的问题。

- 围绕"扫码二维码设置不明显"这个原因，小琴询问："为什么我们没能在更显眼的位置上设置二维码？"团队成员回答道："我们做这类活动经验少，完全没意识到二维码的位置不合理。"

很快，小琴发现几乎后面的几个原因都和刚刚追问的那两个原因一样，都是因为团队成员做这种线下的市场营销活动经验不足。

正如前面我们所提到的，这个时候，可以反思一下"管理层面"的缺失。

对于一个组织来讲，所有结果的达成既要有员工的努力，又要有组织的管理支持，因此当员工出现一些不达预期的表现时，一方面承认员工在能力上确实有缺失，另一方面也需要反思在管理层面上是不是没有给到足够的支持。在这个层面上找到的原因带来的解决方案往往是管理上的改进措施。

在"二维码设置不明显"这个问题上，当小琴提问是不是项目经理在管理上、要求上或者监督上存在不足时，团队成员都表示，更重要的原因是很多参与这个活动现场执行的人并不太了解它的主要目标是"增加新粉丝"，很多人都认为搞这个活动就是为了增加游戏的曝光度，因此并没有花心思去关注新粉丝的增长。如果前期就让人们对这个目标形成共识，甚至明确指出需要增加多少个粉丝的话，团队成员的很多做法可能会有很大不同。

基于大家的讨论，小琴补充道，她作为项目经理，知道这个活动的目标是"增加新粉丝"，然而她没有设定足够清晰的量化目标，也没有把这个目标做清晰的传达。

- 围绕"游戏元素过于单一，缺少抓眼球的设计"，可以快速追问一下"为什么会这样"。答案似乎很明显——游戏设计能力不足或者营销活动的策划能力不足。像上一点一样，原因的分析又走入了"能力不足"这个大类，这个时候可以反思"管理"的不足，比如为什么项目经理没有针对这个问题给予及时的反馈，没有对营销设计进行辅导等。但是在这个案例中，小琴很坦诚地承认，她自己在这方面能力也非常弱，自己的认知并不比团队高到哪里去。

这个时候，如果在这次研讨中，有来自团队之外的专家参与，这个专家对于如何设计一个抓人眼球的线下营销活动有着比较多的经验或者说最佳实践，那么这个专家可以详细梳理一下"线下活动中抓人眼球的设计"都有哪些关键的要素或设计要点，团队就可以快速进行比对，把"设计能力不足"这个相对比较模糊的原因继续分解或者落地成具体的行为。

遗憾的是，当时小琴并没有请到这样的角色，那么原因的分解就只能停留在这个层面了。

团队把在前面找到的每个原因都做了进一步探究后，"逻辑树"就变成了如图 4-11 所示的样子。

针对小琴的这个案例，分析原因阶段就结束了。

分析原因阶段的挑战与建议

在前面我们详细介绍了"逻辑树"这个工具的含义及其在复盘会议上的使用方法。接下来，我们将围绕在分析原因这个阶段容易出现的问题和挑战，为管理者们介绍一些方法。

分析原因是复盘流程中最重要、最核心也是最有挑战性的部分。它不仅需要管理者逻辑清晰、业务洞察深刻，还需要管理者具备一些有效的管理技巧，能感知到现场团队成员的状态和心理，并做好干预。我们总结了四类常见的挑战和问题，以及相对应的解法。

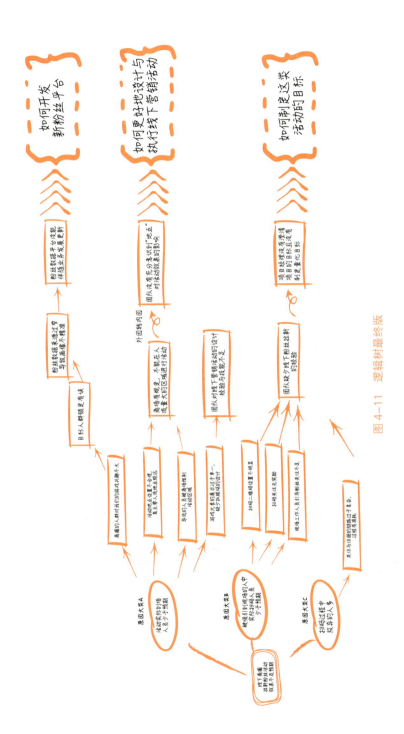

图 4-11　逻辑树最终版

问题一：保持沉默

有些团队成员在进行原因分析的时候，甚至在整个复盘会议上都保持沉默。这个行为背后可能有不同的原因：有人出于个性原因，倾向于在集体讨论时保持沉默；有人担心自己的发言过于"肤浅"，或者认为自己的经验不丰富，说出的话让人觉得不成熟而保持沉默；有人则担心自己说得过多，导致得罪他人或者使问题矛头指向自己。总之，背后的原因不尽相同，但一个过于沉默、大家都不积极、需要管理者点名才发言的氛围，对研讨质量具有极大的负面影响。我们始终希望大家在研讨过程中能积极参与，保持好奇心，敢于说话。

管理者一方面需要对大家沉默背后的原因保持一定的敏感度；另一方面，可以利用有效的研讨流程来解决这个问题。

在前面的案例中，我们也展示了这个流程：个人梳理原因—团队内每个人分享—管理者引导小组对"逻辑树"达成共识。

在这个流程中，有以下几个关键的管控要点。

首先，团队开始讨论原因时，要给每个人充分的时间独立思考原因，并把原因写在贴纸上。这个环节是确保每个人，不管角色、经验如何，都可以把自己认为的原因写出来，尽量拓展团队思考原因的角度。为了避免有人不愿意多写原因，还可以提出一些硬性的要求，例如每个人必须找到至少5条不一样的原因，分别写在不同的贴纸上。

其次，在团队成员分享自己找到的原因时，比较好的做法是让每个人分享一条原因后就换人，而不是让某个人把自己找到的几条原因都一股脑儿地说出来。一个人说得过多，可能会让后面的人发现自己的原因都被别人说光了，自己没什么好说的了。我们希望每个人在分享的时候都能得到一些成就感，因此让每个人说一条后就停止，后面分享的人可以分享不一样的原因，这样的设计会更合理。等到所有参与复盘会议的人都分享完后，再看有没有人还要补充原因。

最后，在每个人分享的时候，可以请大家按照经验进行排序。经验最少的人先分享，因为这样的人是最容易在会议上沉默的，他们容易认为自己的意见并不重要，让他们先分享有助于增强他们的自信和参与度。

除了以上几点，管理者在过程中要多认可发言的成员，多给予他们积极的反馈，我们发现这是一条屡试不爽的技巧。任何人，不管在刚参加复盘会议时的心态如何，只要在讨论过程中有机会获得管理者或者其他团队成员的认可、鼓励，他就会非常快地展现出积极投入的行为特征。

问题二：把问题归为外因

外因和内因如何区别？通常我们认为外因更多是市场、环境、竞品、客户、协作伙伴等，内因更多是团队自身的所作所为。找到外因和内因都非常关键，失败的项目更需要从自身找问题，成功的项目别忘了分析带来成功的客观因素和环境。

让我们快速地看两个小例子。

一个"智慧城市"项目获得了非常好的效果，在交付团队分析原因时，识别出了一个外因是"该项目的政府对接人（一位副市长）非常专业、务实，且愿意花精力和时间与项目团队沟通"。这样的对接人似乎是一个可遇而不可求的成功因素，团队可以继续探讨的是尽量完善这样的对接人的画像，并且争取在未来的项目中识别并吸引这样的人加入项目管理组。

一个短视频平台发现最近一个季度主播的培养指标没有达成，在分析原因的时候，团队一直认为竞品的恶意竞争条款是使指标未达成的主要原因。这或许是真的，但是仅仅把原因停留在这个层面，对后续的问题解决没有任何意义。团队应该转向对内部的讨论："我们为什么没能提前发现竞品的这个动向？为什么没有提前制订有效的应对策略？或者如果提前准备了策略，为什么这个策略没有发挥效用？"

遗憾的是，在实际进行复盘的时候，人们天然的倾向是与此相反的。成功的事情，人们更倾向于认为是自己做得好；失败的事情，人们则更倾向于认为是外部环境导致的。

如果在复盘会议中，有个别的团队成员有这样的倾向，即在寻找原因的时候倾向于找外因，那么管理者可以使用这样的小技巧来管理——宣布"在原因研讨的过程中，但凡找到的 1 个原因是属于外因的，那么必须配套一个内因"。找一找自己还有哪些没有做到的地方，其实可以尽量避免问题的发生。这种"向内引"的方式会用到以下问题。

- 我们为什么没能提前识别风险？
- 我们是否制订了预案？如果没有，为什么？

- 预案是不是有效？如果无效，为什么？

- 在解决的过程中，我们是不是做了所有我们能做的事情？还有哪些可以做得更好？

- 我们能为跨团队协同的伙伴补位吗？我们还可以做哪些事情让沟通、协作更加顺畅？

如果在复盘会议中，发现几乎所有团队成员都有这样的倾向，或者有的团队已经非常明显地有"甩锅文化"，那么我们需要一些更加强有力的工具来进行管理。史蒂芬·柯维在他的经典图书《高效能人士的七个习惯》里提到了"关注圈"和"影响圈"的概念，基于这个概念，我们进行一定的延展和应用，把一个问题的原因也分成三种类型（见图 4-12）：

图 4-12 问题原因的三种类型

◆ 我能控制的原因，属于控制圈，即只要我能够改正或者调整，就能带来好的结果；

◆ 我能影响的原因，属于影响圈，即我可以施加影响，但是能不能带来改变，或者能带来什么改变，不完全取决于我；

✦ 我需要关注的原因，属于关注圈，即我知道这是一个原因，但是我没有办法改变，也没有办法施加影响，只能接受。

举个例子，一位管理者在进行自我复盘，最近有一个非常心仪的候选人没能被吸引加入自己的团队，他觉得非常遗憾。在梳理原因的时候，他写下来以下几条原因，你可以尝试分析一下，这些原因应该属于哪一个圈层。

- 没能给候选人介绍清楚公司的愿景与目标。
- 行业里高科技人才竞争激烈，候选人收到了多个就职邀请（offer）。
- HR 面试流程给候选人的面试体验不好。
- 公司成立时间短，雇主品牌尚不足以吸引候选人。
- 面试过程中，没能很好回答候选人关于职业发展的疑问。

让我们逐条分析一下。

- 没能给候选人介绍清楚公司的愿景与目标。这属于"控制圈"的原因，能不能讲清楚这件事完全在这位管理者自己的把控范围内，只要自己认真了解，准备发言，做好演练，就能说清楚。
- 行业里高科技人才竞争激烈，候选人收到了多个 offer。这属于"关注圈"的原因，行业里高科技人才竞争激烈并不是这位管理者能施加任何影响的客观事实。相反，他只能接受它、面对它，找到可以应对的策略，但是改变不了竞争激烈的现状。
- HR 面试流程给候选人的面试体验不好。这属于"影响圈"的原因，

HR 的流程虽由 HR 来决定，但是作为一线管理者，完全可以给 HR 提意见，要求调整，所以可以施加影响；但是改不改、改得好不好不是管理者能控制的，因此这个原因属于"影响圈"的原因。

- 公司成立时间短，雇主品牌尚不足以吸引候选人。这属于"关注圈"的原因，成立时间短是不可改变的事实，雇主品牌不吸引人，也不是短时间能够改变的，只能关注且接受。

- 面试过程中，没能很好回答候选人关于职业发展的疑问。这属于"控制圈"的原因，管理者只要努力就能回答好。

理解了这三个圈的含义后，我们就可以运用这个小工具来管理"甩锅文化"明显的团队。具体的操作过程也比较简单。

在请团队成员思考原因的时候，先介绍清楚三个圈的含义，然后提出要求，每个人在写好一个原因的时候，先尝试站在自己的角度，思考一下这个原因是属于哪个圈的。如果它属于"控制圈"，即自己改变了、做好了就能有好的结果的话，那么就请保留这个原因；如果它属于"影响圈"或"关注圈"，则可以暂时将其放在一边。确保大家在最开始时更多思考的是"自己"的原因，至于"影响圈"和"关注圈"的原因可以稍后再看、再讨论。

问题三：意见不同或者争吵

在探讨原因的时候，如果你的团队成员里有两个人对一个问题的原因有不同的意见，且谁也不愿意让步，谁也不能说服谁，那么你作为管理者会如何处理呢？

A 我把这个问题先暂时搁置，先讨论别的，过一会儿再看看适不适合讨论。

B 我让两个人先停止争吵，邀请其他团队成员也分享一下自己的意见。

C 我让两个人停止争吵，我来说一下我的看法，或者如果我认为其中一个人说得有道理，我就直接认可他。

D 我让两个人继续激烈地讨论下去，先听着就好了。

其实不同的选择背后反映的是管理者对于"争吵"这件事情的看法。如果你把它看作影响团队讨论的负面因素，那么就倾向于忽视它、压制它，尽快结束它；如果你把它看作一个团队互相加深理解的机会，那么你就可以利用它，让它成为复盘会议中令人印象深刻的环节。复盘的引导者一定不要惧怕"争执"或"冲突"，不需要把这种冲突压制下去，比如自己跳出来给一个答案或完全搁置问题，而要提出更多的好问题，让争执的双方都能把自己更底层的假设与观点分享出来。

一家医药公司的销售团队和市场团队在共同复盘对一名关键大客户的管理过程，对于这名大客户拒绝参加一次重要的市场活动的原因进行了探讨。销售团队的区域代表认为，客户不来参加这次活动主要是因为对主题不感兴趣；市场团队的经理则认为，我们未能有效传达这次会议的价值是他不来参加的主要原因。

这两个描述有相关性，但又不太一样。按照经理的描述，似乎主要的责任在区域代表的身上，因为主要负责日常沟通的是这位代表；而按照代表的描述，客户不来参加则像出于一个相对外在的原因——和市场活动的主题设置有关系。

在这里，暂时先不用纠结谁说的更有道理，只需要追问他们得出不同结论的过程是什么样子的就可以了。可以请双方分别分享一下：你看到了什么事实，观察到了客户的哪些行为，听到了客户说过的哪些话，或者哪些其他细节让你得出了现在的观点？基于这些事实，你是如何推理得出现在的结论的？

从观点中先跳脱出来，回归到一些不会有太大争议的事实、信息上，能让大家做出更好的判断。

在这个例子中，区域代表罗列了非常翔实的信息，包括他与这名客户的沟通过程中，客户曾经给他的一些活动反馈等；而经理在思考这些问题的时候，却发现自己的那个判断确实没有什么事实作为基础，更多的是基于过往的经验得出的，那么答案也就不言而喻了。

所以，总结一下，在团队成员就某些问题产生争执的时候，管理者要把它当作一个可以促进团队互相理解的机会，不在"观点"或者"结论"上做过多争执，而是提出好的问题，了解双方：

✦ 都看到了什么信息、事实或依据；
✦ 如何推导出现有的结论；
✦ 是否有什么其他的案例来佐证自己的观点。

这样的讨论会更有意义。

问题四：在分析中陷入自己的认知局限

在分析原因的时候，我们见到的最难一类挑战就是前面提到的"认知局限"。很多我接触过的管理者都曾经抱怨，在复盘会议上，大家找的原因就是那几个，没什么新意，而且也没有什么有效的解决方法，最后导致他们对复盘失去了兴趣。

"我们只能找到那些我们所知晓的原因，找不到我们不知道的原因。"如何扩大自己的认知边界呢？我们认为有两个方法。

第一个是邀请一些外部的专家来参与复盘，比如其他团队的有经验的人。他们没有参与项目，但是可以在复盘的不同环节提供价值：

✦ 在"系统扫描"阶段，不管是"多维度标准"还是"阶段状态"，外部专家都可以分享自己认为做得好的标准或状态，以供参考。

✦ 在"回顾历程"阶段，外部专家因为没有参与，反而能够注意到一些细节，可以从外部的视角多提问、多了解。

✦ 在"分析原因"阶段，外部专家在参与讨论的时候，一定会调用自己的业务洞察、行业理解帮助团队尽量全面地寻找原因，尤其是在深度挖掘原因的时候，外部专家往往能提供可供对比与参考的"行业最佳实践"，让团队发现和了解自己哪里还没有做到。

✦ 在"总结经验"阶段，外部专家可以就解决方案给出很多建议和参考意见。

第二个是团队可以围绕经常复盘的项目和主题，寻找外部资料进行学习

与研究。很多书会提供一些有价值的问题分析框架，让我们在分析原因的阶段做得更加高质量。

里弗（River）是一个短视频制作者，他自己经常需要复盘的一个主题是"为什么某个短视频成了爆款"或者"为什么某个短视频没有成为爆款"。在分析原因的时候，他觉得已经完全没有新的思路和角度了。想来想去，分析来分析去，就是那几个已知的原因，甚至邀请其他做短视频的小伙伴，也没有得到更多的建议。这个时候，他接触到了一本专门介绍网络信息传播的书，这本书总结了六大类让网络信息极具传染力的原则，而且每类原则下还有很多细分的小原则。River 如获至宝，他借助这本书介绍的框架，尝试从这六个维度去分析自己的视频成功与不成功背后的原因，有了很多新的发现。

我认为这个小例子很好地说明了，一个人或一个团队在围绕一个主题进行复盘的时候，如果感知到认知边界的局限，就要多对这个主题领域进行调研和学习，很有可能会获得分析问题的新思路和框架，对找到更多的原因有帮助。换言之，优秀的书籍是帮助我们不断拓展认知边界的非常好的工具。

逻辑树 + BEM

逻辑树，是原因分析的根本逻辑，也是很多行业或领域分析模型的底层逻辑。因此，在分析原因的阶段，管理者一方面遵循逻辑树的分析要求，另一方面借鉴自己行业里的优秀分析框架，同时叠加团队对业务的理解和洞察，就有可能在这一阶段得出非常有价值的结论。

121

多阅读与学习经典的管理书籍和行业相关书籍，可以让我们积累更多的优秀模型。在这里，基于我们多次复盘的经验，我们也想为各位读者，尤其是管理者推荐一个成熟的、分析**绩效类问题**的框架。一个人或一个小团队绩效不达标，是很容易在复盘中被发现的问题；而分析一个人或一个团队的绩效问题时，管理者很容易认为原因要么是员工态度不积极，要么是员工能力不足。

托马斯·吉尔伯特是一位分析绩效类问题的专家，他梳理了一个被广泛认知的模型：BEM 模型（绩效改进模型）。在这个模型里，他把影响一个人发生绩效类问题的因素分成了两个大类、六个细分小类，为绩效类问题的原因分析提供了一个非常结构化的框架（见图 4-13）。

可以看出，这个 BEM 模型就是"逻辑树"在绩效类问题原因分析领域的应用。让我们来看一个小例子，理解一下为什么"逻辑树 +BEM"让复盘的原因分析更加全面与深入。

某生产制造企业在复盘某次生产备料情况的时候，扫描出了一个问题：小 A 在准备某药水的时候，本来应该备料 60 升，结果备料了 90 升，带来了物料冗滞，造成了浪费。在分析原因的时候，发现的原因也很简单，就是小 A 计算出现了失误。那为什么会计算失误呢？管理者认为小 A 经验少，过往没经手过这种特殊物料，导致了失误。其实复盘到这里，价值和意义不是很大，因为找到的这个原因似乎并不能为未来带来一些改变，万一下次不是小 A 而是小 B，又碰到了一种没接触过的物料，是不是依然不能降低计算失误的概率呢？

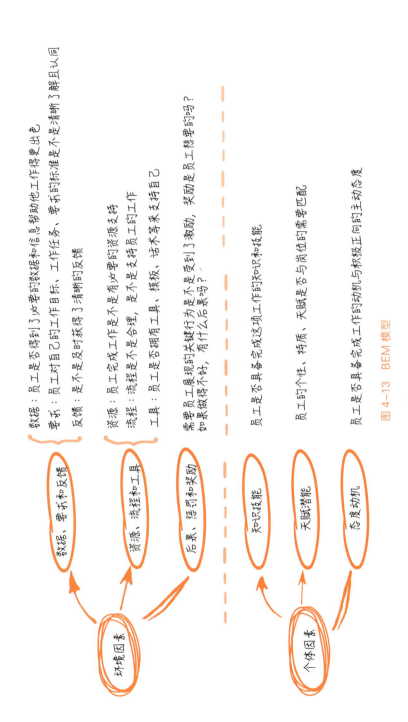

数据：员工是否得到了必要的数据和信息帮助他工作得更出色
要求：员工对自己的工作目标，工作任务，要求的标准是不是清晰了解且认同
反馈：是不是及时获得了清晰的反馈

资源：员工完成工作是不是有必要的资源支持
流程：流程是不是合理，是不是支持员工的工作
工具：员工是否拥有工具、模板、话术等来支持自己

需要员工展现的关键行为是不是受到了激励，奖励是员工想要的吗？
如果做得不好，有什么后果吗？

员工是否具备完成这项工作的知识和技能

员工的个性、特质、天赋是否与岗位的需要匹配

员工是否具备完成工作的动机与积极正向的主动态度

数据、要求和反馈

资源、流程和工具

后果、惩罚和奖励

知识技能

天赋潜能

态度动机

环境因素

个体因素

图4-13 BEM模型

小 A 备料失误，就是一个典型的绩效类问题。

我们完全可以借助 BEM 模型这六类因素来复盘"小 A 备料失误"的原因，即把这六类因素作为分解原因逻辑树的第一层原因大类，然后排除掉不适用的原因。在参考这个模型后，小 A 的团队重新复盘了原因，得到了图 4-14 的结果（见本章最后）。

我们发现，在参考了这个工具后，团队很快就拓展了思考原因的角度，尤其是督促管理者能够反思自己在管理上的很多缺失，根据这些原因找到的解决方案也更具长远的指导价值。想了解更多这个工具的适用场景，可以在本书后半部分的综合应用案例里找到更多的例子。

不过，需要提示的是，这个工具并不适用于所有问题的原因分析，仅适用在绩效类问题的原因拆解上，其他问题还需要用其他分析框架来指导。

小结

在这一章里，我们向大家介绍了"分析原因"这个阶段的工具：逻辑树。这个工具能够协助团队通过一个有效的流程来进行系统化、结构化的原因拆解与梳理，既强调原因拓展的宽度，又强调原因挖掘的深度。

带领团队分析原因也是一个管理者观察自己团队成员认知模式和行为模式的很好的机会。通过他们对原因的分解，能看到他们对业务理解的深度如何；通过他们面对原因分析时的"自我防御"机制，能感知到他们的工作心态和基本的行为模式。这些都会成为管理者去辅导下属的机会点。

为了更好地解决团队中"人"的问题，我们还分享了几个典型的难点场景及应对方式。同时，把所复盘领域里的经验框架和模型带入分析原因阶段，是让原因分析更加高效与深入的有效方法。

例如，很多项目的复盘所分析的问题本质上都是绩效问题，在拆解一个绩效问题原因的时候，参考 BEM 模型，把它与逻辑树工具合并在一起，就能为绩效问题的原因分析提供一个非常好的思路。

每个致力于复盘、想让复盘为自己带来更多业务洞察的管理者，都可以把自己领域里的经验框架带入复盘流程。

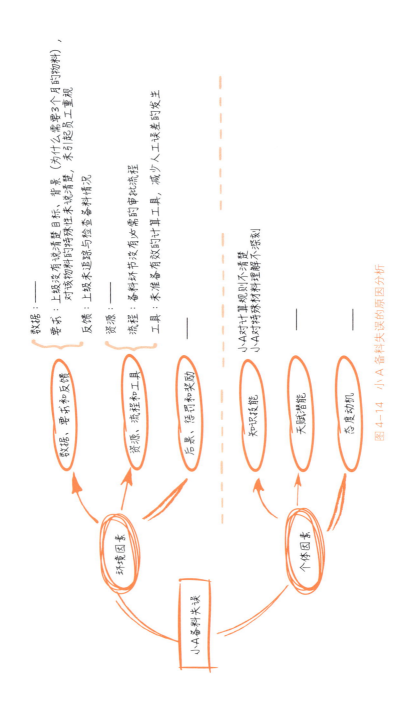

数据：——
要求：上级没有说清楚目标、背景（为什么需要3个月的物料），对该物料的特殊性讲未说清楚，未引起员工重视
反馈：上级未追踪与检查备料情况

资源：——
流程：备料环节没有必需的审批流程
工具：未准备有效的计算工具，减少人工误差的发生

数据、要求和反馈

资源、流程和工具

后果、惩罚和奖励

小A对计算规则不清楚
小A对特殊材料理解不深刻

知识技能

天赋潜能

态度动机

环境因素

个体因素

小A备料失误

图4-14 小A备料失误的原因分析

第五章

总结经验

经验沉淀与个人成长是复盘的主线

Structured
Retrospective

Building a Results-Driven
Evolutionary Team

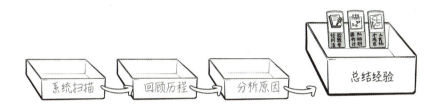

系统扫描 → 回顾历程 → 分析原因 → 总结经验

在经历了三个阶段的回顾、讨论、分析后，复盘的流程终于走到了最后一个阶段：总结经验。如果让我打个比方的话，这个阶段就像精心养育的树开花结果，可以开始"摘果子"了。它应该是复盘会议最甜美的时刻，很多对未来有启发的观点、洞察、方法在前面的过程中其实已经出现了，这个阶段最需要做的是把它们"固化"下来。

管理者们在这个阶段也有自己的期待，我最常听到的期待是，**最好复盘能够沉淀出"经验"来**。经验是我们经历过成功与失败后的感悟、心得和新的洞察。

我认为经验最重要的价值在于"复用"，这里包含两个层次的复用。

- "时间"上的可复用，即这次复盘出来的经验并不仅仅是对**这次项目**接下来怎么做有启发（有的项目可能会选择在项目还未结束的时候就复盘），还要对未来**这类项目**的操作与执行有启发。

- "空间"上的可复用，即这次复盘出来的经验不仅仅对**本团队**有价值，对**其他**有类似问题的**团队**也有启发，能促进团队间的横向交流。

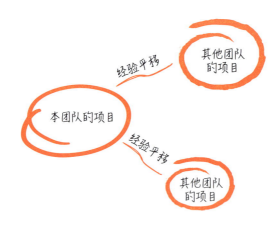

杰森（Jason）是一家生产制造企业设备团队的负责人，最近一个月，某条生产线的一个关键的机器出现了一次重大停机故障。在维修处理完后，他带着团队进行复盘，这次故障发生的原因是，房间里的湿度上升导致某个关键的部件失能，在制定解决方案的时候，他们有两类产出。

- 把温度检测列入了生产环境管理的一部分，设定了温度标准以及监控机制。如果这些标准能被认真执行的话，未来这类故障就不会发生。

- 通过复盘理解这次故障的本质，可以扫描一下是否其他的生产空间里也有类似的风险，还有哪些环境需要把湿度管理纳入管理机制。

以上两类产出就属于经验在"时间"和"空间"上的复用。要实现经验的"复用性"，就需要管理者在这个阶段能带领团队成员基于本次复盘的事件，又跳出本次复盘的事件，提出一些有价值的问题，在"时间"维度和"空间"维度上得到更多的启发。

为了满足这个需求，我们在这一章会给大家一个叫"**经验问题清单**"的工具，协助团队把所有在复盘过程中碰撞出来的火花收集好，形成能够在团队内外留存与传播的文档。

在这个阶段，**管理者还希望能让团队成员积极主动地去思考下一步该如何做，制订出团队的行动计划**，每个人都能当责、主动地去解决自己的问题。以我们的经验看，如果复盘过程中，每个人的声音都能被听到，每个人都能积极主动地找问题、分析原因，那么在制订下一步计划的时候，大家也会积极地寻找自己后续能做的事情是什么。相反，如果在复盘的过程中，出于各种原因，大家的讨论并不积极，更多的是管理者在说，或者总是被管理者点名才发言，那么在制订计划的环节，大家的主动性就会差一些，觉得多一事不如少一事，甚至出现互相推诿的现象，都认为某件事情别人能做得更好。

我们会给大家介绍一个简单的共创流程"**团队行动计划**"，让每个团队成员都能主动承担任务。

同时，在复盘的最后一个阶段，我们还有个诉求，就是**让每个参与复盘的人都能够从复盘的过程中感受到成长与收获**。我们希望每个人都带着积极的情绪离开这个会场，把复盘中的各种意见、反馈和建议都当作自己成长的机会，督促他们从成长的角度反思整个过程。

为了满足这个需求，我们也会给大家推荐一个简单的小工具"**个人成长总结**"。

这三个工具分别满足不同的目的。一个管理者可以在复盘会议开始前就想一想哪一项对自己最重要——是更看重"经验"，还是更想借助复盘会议推动下一阶段工作、制订计划，又或是更想让团队成员感受到自己的成长。根据不同的目的，选择其中的一个或几个工具来结束自己的复盘会议。

瑞秋是一家互联网公司 B 端业务的项目经理，这项业务对公司来讲是新业务，涉及前台的销售、运营团队与中台的产品、研发团队的合作。在某个大客户项目的交付中，这几个团队的协作出现了非常大的问题，过程中互相抱怨和推诿的情况时有发生。

在项目结束后，瑞秋召开了一次复盘会议。她的目标就是让各个团队能有机会看到别的团队的工作逻辑和需求，如果互相有抱怨，也要把问题说开了，互相理解。

她很清楚合作过程中的很多问题其实是由于公司对几个团队的权责利划分不明晰造成的。这个问题不是短时间能解决的，且公司的很多流程都在不断变化，因此是不是有"经验"沉淀出来反倒不是她关注的目标；项目已经完结，也谈不上"下一步"。这样，她只要选择"个人成长总结"这个小工具就可以了。

管理者也可以三个工具都使用，那么比较合理的顺序就是先用"经验问题清单"收集一下在复盘过程中讨论出来的有价值的经验，再用"**团队行动**

计划"邀请大家思考自己接下来可以主动为团队做什么（这些行动计划很有可能是参考萃取出的经验制订的），最后一起分享"个人成长总结"，让每个人带着有收获、有成长的心情离开复盘会。

工具一：经验问题清单

如果管理者觉得这次复盘的事情或项目很典型，从中讨论出来的很多做法有非常强的复用性，那么就可以选择"经验问题清单"工具。

首先，先明确一下"总结经验"这个阶段和前一个阶段的衔接。在分析原因阶段，团队成员们共同梳理出了原因分析的"逻辑树"。在这棵逻辑树的末梢，是对原因进行深入分析后得到的答案。而这些原因，每一条都可以对应未来的"解决方案"或一些"新的洞察"（见图5-1）。

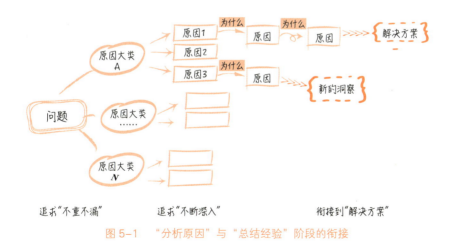

图 5-1　"分析原因"与"总结经验"阶段的衔接

例如，上一章提到了小琴的案例，她已经带领团队整理好了原因，也找到了接下来研讨经验的三个方向（见图5-2）：

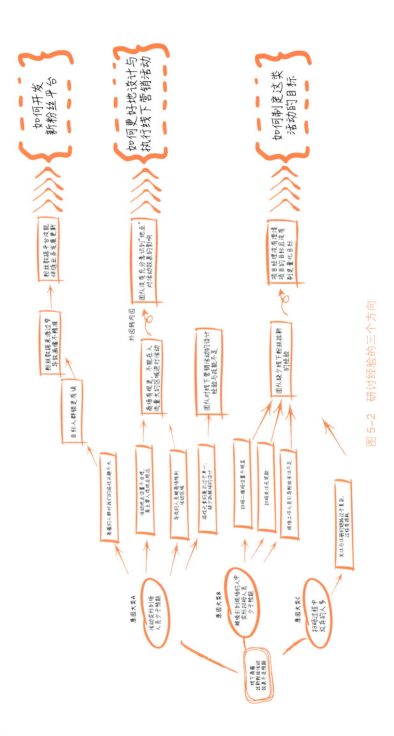

图 5-2 研讨经验的三个方向

让我们来挑选其中的一个方向：如何更好地设计与执行线下营销活动。基于原因分析的过程，其实已经有了一些结论：

- 二维码设置很关键，需要放在显眼的位置；

- 扫码后最好能赠送一些礼物等福利；

- 现场工作人员中要有一人专门负责督促大家扫码。

但是这些经验点显得有点散乱，而且也不见得就很全面。"经验问题清单"就是针对这些问题提供一些"解决方案"的方向，让管理者带大家做更加结构化和全面的梳理。它由一系列非常全面的问题清单构成，这个清单包含三个类别的问题（见表5–1）。

表 5–1　问题清单

问题类别		问题	备注
员工工作方法层面		· 在这个方向上，我们有什么过去没有发现的认知？有哪些认知被改变了？ · 未来，我们在完成这项工作时，需要关注/展现的关键行为有哪些？需要规避的行为有哪些？	这部分问题聚焦员工未来如何做得更好 这里的问题虽然不是很多，但是每个问题都可以带出非常多的答案
管理层面	数据、要求、标准	· 未来，如何做好人员的角色分工？ · 针对这个任务如何设定目标与达成的标准？ · 管理者可以如何更好地澄清目标与标准？ · 管理检核的频率和频次应该如何设定？ · 管理者在检查与反馈的时候要注意什么？	这部分问题聚焦管理者未来如何做好管理，获得结果 这里的问题比较多，参考了BEM模型来设计（关于BEM模型，请参考"分析原因"一章） 这些问题既可以让管理者自己反思与总结，又可以拿出来与团队共同探讨

135

（续表）

问题类别		问题	备注
管理层面	资源、流程、工具	• 未来，应该为员工提供哪些资源性协助？ • 流程是否需要进行调整、优化、改变，让工作任务进行得更加顺畅？ • 可以为员工提供什么模板、工具，以便员工工作起来更高效、失误更少？ • 在工作环境上做一些什么样的设计、调整来更好地提醒风险、规避失误？	这部分问题聚焦管理者未来如何做好管理，获得结果 这里的问题比较多，参考了BEM模型来设计（关于BEM模型，请参考"分析原因"一章） 这些问题既可以让管理者自己反思与总结，又可以拿出来与团队共同探讨
	后果、惩罚、奖励	• 如何设计奖励或惩罚体系，以确保员工有足够的重视度和动机来更好地完成任务？	
	人员匹配	• 具备什么特质、经验、资质的人更适合承担这个岗位的任务？ • 未来使用、选择、招聘什么样的人承担这个任务中的不同角色？	
	人员培养	• 员工需要学习什么信息？ • 员工需要完成哪些任务前的训练？如何设置相关的培训内容？ • 未来如何更好地向员工传递价值，如何更好地激发员工的工作动机？	
延展层面		• 这次发生的问题的本质是什么？ • 这次的问题还有可能发生在哪些环节、模块？ • 还有哪些工作情境可以借鉴这次的经验？	延展问题督促团队思考一下这次探讨问题的本质是什么，以及有什么经验可以平移到其他的项目或团队里

这个清单的问题比较多，管理者需要根据研讨的实际情况去做合适的取舍，不一定全部使用。另外，这里的问题都比较"正式"，管理者需要根据实际情况进行变化，让这些问题更容易被人理解和回答。

让我们回到小琴的案例，围绕"如何更好地设计与执行线下营销活动"这个主题，小琴选择了以下问题，让我们来分别解读一下。

问题类别	问题
员工工作方法层面	• 在这个方向上，我们有什么过去没有发现的认知？有哪些认知被改变了？ • 未来，我们在完成这项工作时，需要关注/展现的关键行为有哪些？需要规避的行为有哪些？

这两个问题小琴都保留了，不过她会这样提问：

• 围绕线下营销活动，我们有哪些新的发现？有什么过往的认知是错误的？

参考大家讨论原因的过程，关于地点对营销活动效果的影响，大家有了新的认识，可以进一步讨论未来选择的地点必须符合什么标准。

• 围绕线下营销活动，我们未来应该如何做？都有哪些关键的环节需要关注？哪些事情千万不能再做？

参考大家讨论原因的过程，至少已经有关于二维码、扫码奖励、现场引导等几个方面可以总结出来的注意事项。大家还可以继续回顾一下复盘过程中还有哪些要点被大家提及，并将其整理出来。

问题类别		问题
管理层面	数据、要求、标准	• 未来，如何做好人员的角色分工 • 针对这个任务如何设定目标与达成的标准？ • 管理者可以如何更好地澄清目标与标准？ • 管理检核的频率和频次应该如何设定？ • 管理者在检查与反馈的时候要注意什么？
	资源、流程、工具	• 未来，应该为员工提供哪些资源性协助？ • 流程是否需要进行调整、优化、改变，让工作任务进行得更加顺畅？ • 可以为员工提供什么模板、工具，以便员工工作起来更高效、失误更少？ • 在工作环境上做一些什么样的设计、调整来更好地提醒风险、规避失误？
	后果、惩罚、奖励	• 如何设计奖励或惩罚体系，以确保员工有足够的重视度和动机来更好地完成任务？
	人员匹配	• 具备什么特质、经验、资质的人更适合承担这个岗位的任务？ • 未来使用、选择、招聘什么样的人承担这个任务中的不同角色？
	人员培养	• 员工需要学习什么信息？ • 员工需要完成哪些任务前的训练？如何设置相关的培训内容？ • 未来如何更好地向员工传递价值，如何更好激发员工的工作动机？

在这些问题里，小琴保留了以下几个问题：

• 未来线下营销活动都应该定哪些目标？在定目标的过程中应该如何将目标引入团队？如何让大家对目标都有清晰一致的认知？

• 是不是可以为团队梳理出一个线下营销活动的管理手册？（如果这

个手册现在就梳理似乎为时过早，那么什么时候可以开发？谁来开发？）

- 营销活动的设计人员应该具备什么样的背景、什么样的资历？

问题类别	问题
延展层面	· 这次发生的问题的本质是什么？ · 这次的问题还有可能发生在哪些环节、模块？ · 还有哪些工作情境可以借鉴这次的经验？

在这些问题里，小琴认为这次线下活动暴露出来的非常重要的一个问题是，公司的粉丝平台过时，未能提供精准的粉丝画像；一个可以延展的问题是，公司还有哪些产品决策或运营决策对粉丝画像依赖严重，需要重新审视、重新讨论。

同时，"粉丝平台的发展未能跟随公司的业务发展而更新"这个问题的本质也可以概括为"公司成立初期的平台、系统、机制还有哪些是需要跟着公司的业务发展快速迭代的"。这个问题更宏观、更大，极有可能大大超出了小琴的管理范围，她可以把这个思考向上汇报，留待上级来解决这些问题。

工具二：团队行动计划

"团队行动计划"适用于引导团队成员一起制订接下来的行动方案。如果你的复盘会议希望能实现这一点，不妨使用下面的流程。

第一步，先请每个团队成员拿出几张贴纸，一边参考在这次复盘会议中大家讨论的各种各样的信息（在会议的前半段，团队可能一起识别了问题，做了历程的回顾，做了原因的剖析，墙上可能有研讨过程中留下的白板纸、信息等），一边写下自己认为可以在后续做的事情。

同时，我们希望大家在写自己计划的时候，要遵循下面的格式（见图 5-3）。

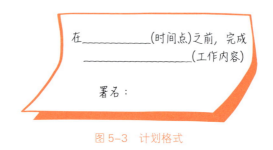

图 5-3　计划格式

有的时候，还可以提出一些具体的要求，比如每个人至少找到 3 项自己需要完成的工作等。让每个人自己思考、自己编写，比等待管理者分配一个任务更好。

第二步，大家晒出自己的行动计划。管理者可以在研讨会议室的墙面上或白板纸上准备这样一张图（见图 5-4）。

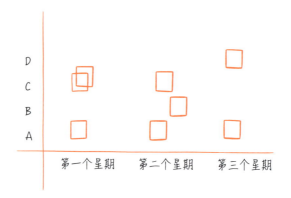

图 5-4　计划图

这张图其实是是一个二维象限，横轴是时间，根据自己所讨论的项目，时间的颗粒度可以调整成天、周、半月或月等；纵轴则是团队成员的名字。这样每个人写完自己的行动计划后，都可以在这张图上找到位置并贴上，团队成员写出的所有计划都可以在这张图上显示出来了。

第三步，团队管理者可以邀请大家一起站在这张图前，检查这张图的合理性，不管是谁，有任何疑问或挑战，都可以直接提出来，例如：

- 我认为 B 应该完成某项工作，但在 B 的计划清单里没有找到；
- 我，作为 A，想在第二周完成某项工作，这项工作的前提是 B 必须给我提供某个产出，可是 B 把这个产出计划放在了第三周，这样我们的计划就不合理了，需要一起讨论，是我把自己的计划延后还是 B 把他的计划提前。

总之，团队成员可以在这个阶段互相提问、互相挑战，直到制订出来一个合理的、大家普遍认可的计划。

在制订行动计划的时候，我们希望团队成员都是当责的，能尽自己的力量主动完成一些工作，但是也不排除在这个环节，团队成员出现推诿的情况。

在一次游戏故障的复盘中，团队分析出一个故障出现背后的重要原因是策划团队在调整一个功能后，给测试团队的测试文档有遗漏，测试的需求写得不完整。经过讨论团队发现，未来策划团队也很难保证编写出的测试需求一定是完整全面的，最好让测试团队基于自己对游戏的理解，替策划团队想到他们想不到的、想不全的。

在制订行动计划的时候，策划团队就对测试团队提了一个要求：最好能自己主动多学习各种同类型的游戏，加深对游戏的理解。测试团队则表示，团队工作负荷已经很大了，再要求大家去学习了解各种同类游戏，实在很难有精力，建议策划团队能定期做一些主动的分享，整合好各种信息，多给测试团队培训一下。

两个团队因此就产生了一些"小推诿"。

如果你是这个游戏的负责人，你会站在哪一边呢？

我更愿意站在测试团队一边，也就是我倾向于认为策划团队最好能主动做一些培训材料，定期给测试团队做一些分享。

在实际的复盘中，在制订行动计划的时候，如果出现了这种团队互相推诿的情况，团队的管理者是要扮演"仲裁者"的角色，给一些清晰指示的。在进行"仲裁"的时候，我们可以遵循下面的原则。

+ 谁的问题，谁就要承担起解决的"主责"。像刚才这个小例子，问题更多是策划团队的工作失误造成的，那么他们确实责无旁贷，应该多做多想，承担起解决这个问题的主责。

+ 思考一下哪个团队做，从整体来讲是性价比最高的，能够实现"全局最优"。客观来讲，让测试团队自己去广泛地学习游戏知识，确实是一个耗时耗力的事情，而由策划团队做更有针对性的介绍或者定期分享，显然更高效。

工具三：个人成长总结

在最后，我们可以用一个聚焦"成长"与"收获"的工具来结束我们的复盘。这个环节的工具其实有非常多的选择，其核心无非就是管理者设计几个问题，邀请每个团队成员来分享，而这些问题督促每个人反思自己的个人收获是什么。因此，在这里，我们给大家推荐一个非常简单的总结框架：PIE（见图 5-5）。

图 5-5　PIE 框架

在会议上，管理者可以邀请每个人思考上面这三个问题，并把答案记录在自己的纸上，之后可以请每个人在全团队面前或在几个人的小组里分享。

✦ **最大的一个收获**：请每个人回顾一下在复盘的过程中，对自己最有启发或自己最有收获的一个知识点。这个知识点可以发生在任一环节中。它也许是一个大家讨论出来的原因，也可能是某个人分享的一个看法，请每个人思考自己最大的收获是什么。

✦ **过去正确的一项**：通常在一次复盘会议上，人们会在一些时刻发现讨论出的一些结论和自己过往的一些认知是一致的，证明自己过去的某些想法或做法是非常正确的。请每个人思考一下在这次复盘会议上，自己的发现是什么。

✦ **想尝试的一项**：一个好的复盘往往会带给人一些冲动，比如对一些新发现想快速验证一下、尝试一下。请每个人回顾一下在复盘过程中，自己特别想尝试、改变、试验的一个行动是什么。

这三个问题的设置既能让每个人都有一定的成就感和收获感，又能让每个人都思考下一步该怎么做，因此是一个很好的用于总结收获的问题框架。

小 结

在这一章里，我们介绍了复盘会议的最后一个阶段"总结经验"的方法。我们也介绍了三个工具：关注经验总结的"经验问题清单"、关注下一步的"团队行动计划"，以及关注个人收获与成长的"个人成长总结"。

与前几章介绍的工具大多是几个中选一个不同，这一章的工具可以只选择一个，也可以选择其中的两个，甚至三个都选择。

这三个工具共同强调的是，在复盘的最后阶段，持续激发会议参与者的内在动机和积极性，让他们能够主动地反思问题，收获答案，主动地为团队做更多的贡献。

第六章

设计与实施复盘会议

站在"二楼"引导与管理复盘

Structured
Retrospective

Building a Results-Driven
Evolutionary Team

在前面几章里，我们介绍了复盘的四个阶段，以及每个阶段的关键工具和复盘技巧。在这一章里，我们会介绍管理者要如何设计与实施一次典型的复盘会议。

对于一个管理者来讲，在团队里实施复盘、建立起好的复盘机制，需要做好下面几个关键的事情。我们会从这几件事情入手，介绍一些方法和技巧。

第一件事，敏锐地感知到在什么情况下，管理者可以启动一次复盘。其实在非常多的场景和挑战下，管理者是可以快速召集一个复盘会议来解决问题的。**复盘，就是一个提升效率、带来结果的管理工具**。不过很多管理者把复盘看得过重，要等到很大的项目结束了或很长的周期结束了才会进行复盘。我们在这一章里会整理一下我们接触过的驱动复盘发生的场景，供大家参考，让大家反思一下自己的管理工作中哪里可以融入复盘。

第二件事，复盘会议前要做好设计和规划。一旦决定进行复盘，管理者就需要想清楚自己的目标，大概规划一下复盘会议要如何进行，选择哪些工具，准备哪些数据等。在团队最开始接触复盘的时候，这个准备工作可能花的时间会长，而一旦复盘变成一个常规性的动作，准备环节就会变得简单很多。

第三件事，在复盘会议上引导好大家的讨论。团队的管理者在复盘会议上有两个身份，一个是复盘事件的深度参与者，本身就是讨论、贡献意见和看法的人；另一个是复盘会议的引导者，关注如何让大家都进入好的研讨状态，关注是不是达到研讨目标等。

第一个身份像运动员，在参与比赛；第二个身份更像裁判，确保比赛在按规则进行。管理者一定要认识到，自己的第二个身份比第一个身份更重要，因为第二个身份扮演得好，就可以让团队成员有充分交流的空间，群策群力，发挥团队智慧的价值。第二个身份需要管理者具备一定的引导技巧。

第四件事，督促复盘会议产出结果的落地。这个结果落地有两个层面。

+ 第一个层面，经验的落地。先把这次复盘会议过程中的讨论结果进行记录、整理，每一次复盘会议的产出都是很好的、可以进行团队和跨团队分享的经验。复盘文档本身就是团队经验的沉淀和积累，对其他的团队也有分享价值。

+ 第二个层面，行动计划的落地。对于复盘会议最后产出的行动计划或改进方案，管理者需要继续发挥监督、管理、辅导、反馈的作用，带领团队落实行动计划与改进方案，直到获得好的收益和结果。

识别启动复盘的场景

每位读者可以先思考一下，自己的团队在什么情况下会复盘。可以简单罗列在下面这个小方框里。

其实，可以做复盘的场景挺多的，我们总结了五类可以驱动复盘发生的场景。在阅读的时候，你可以思考一下哪些场景其实在工作中也非常常见，只不过自己从来没有想到可以做一个"复盘"。

1. 周期性节点驱动的复盘。很多团队都有开周会、月会、季度会或年会的习惯，这种会议可以成为复盘的场景。

如果周期性会议只对上一个阶段做了总结和回顾，并公布了下一个阶段的目标和计划，那么就算不上一个复盘。识别过去的一个周期里有哪个问题值得讨论，引导团队一起深度反思与交流才是真正的复盘。不要把周期性会议开成挨个汇报式的会议或者一言堂讲话式的会议。

2. 项目驱动的复盘。项目，顾名思义，有明确的项目目标和结果产出，有清晰的项目管理机制，有项目时限和项目团队，是非常重要的复盘场景。这个项目可以是公司内部的一个跨部门合作的项目，也可以是为外面的客户交付的项目。这个项目可以是一个新型的、从来没有做过的项目，也可以是重复过很多次的项目（例如，为公司新的生产计划采购原材料，这种采购重复过很多次，每次采购也都由项目经理来负责），这些都可以进行复盘。

项目合作过程中的各种延迟问题、质量问题、沟通问题、合作意识问题等往往是复盘的重点。

项目驱动的复盘不仅仅可以在项目结束后进行，也常在项目过程中发生，往往是一个项目推动不下去了、困难重重，项目组就把复盘当成了推动项目继续下去的抓手。这里需要注意的是，一个项目的计划刚刚制订出来、还没有执行的时候，不能进行复盘，因为项目的计划还没有经过现实的验证，没办法进行复盘。

3. 突发事件驱动的复盘。与项目相比，这类事件往往不在预期计划之内，是突发、偶发的，不过也有明确的起点、终点与过程。

一个员工突然离职了，管理者觉得很意外，想要复盘一下这个员工最近6个月的工作问题及自己与他的沟通，对这段经历的复盘可以尽量避免未来再发生类似的事情。

药企的生产往往管理得极其严格，每一个与标准流程不一致的点（例如，员工应该把一个工具垂直放置于地面，但是某次生产中，某个员工将工具放置得有一定的倾斜度），即使没带来任何的后果和损失，也会被称为一次偏差（DV），并需要对此进行复盘，最大限度地杜绝任何可能出现的风险。

偏差、故障或者投诉往往是无预警发生的，事先没有对此做出应对计划，发现和解决的过程中也充满着不确定性。

4. 痛点驱动的复盘。这类场景比较容易被管理者忽略。管理者对自己工作中一个频繁出现问题、出现挑战、出现差距的环节，可以拉着团队做一个复盘来解决问题。

安妮（Annie）是一家游戏公司的项目研发经理，她手里的项目特别容易在一个节点出现延误，就是 2D 美术设计师设计好原型，交付给 3D 美术设计师开发成立体模型的过程。这个环节通常要在 20 天内全部完成，可是，10 个延期项目有 8 个是在这个环节出现了问题。因此，她特别想找到未来管理与监督这个节点的方法，以防止项目延期。

一家售卖汽车软件的企业的销售管理者们总会被一个问题困扰：与自己公司内部的定价团队"吵架"。每一份销售合同，经理们出于成单的需求，都希望拿到公司能给到的最优价格，可是定价权掌握在定价团队手中，每次与定价团队的谈判比与客户谈判还要难。管理者们想通过复盘让这两个团队互相理解，找到比较好的协作模式，让未来这个环节更加可控、合理，从组织角度出发拿到最优结果。

以上两个场景，都属于管理者的工作中有一些明显的卡点、痛点和问题，管理者可以并且一定要邀请相关人，一起运用复盘的方法和工具，挑选一个典型的项目来复盘，找到各方共同认可的工作方法。

在痛点驱动的复盘场景中，比较关键的是一定要依托痛点，锚定一个具体的事件，避免围绕痛点进行空谈（详细内容请参考第二章）。好的复盘是一次"见微知著"的过程，虽然分析的是只"小麻雀"，但是只要分析原因的环节足够深入与全面，同样可以得到一类问题的解法与建议。

5. 人员发展驱动的复盘。发展团队中的成员是每个管理者重要的任务，但是，坦白地讲，每个成员可能都有各种各样的问题。当为一个人的成长头疼时，不妨考虑与他开启一次复盘式的对话。

"我团队里有一个实习生，刚来的时候我非常看好他，觉得他又聪明又有上进心，可是过了一年了，我发现他的成长非常慢，感觉也没有什么上进心了，不知道为什么会这样，我想与他一起复盘一下过去半年的成长。"

"我团队里有一个工程师，技术能力很强，不过就是沟通能力弱，尤其是跨部门合作的时候，总是被其他部门投诉，处理不好关系，我想与他一起复盘一下最近的一个项目，看看可以改善什么。"

在这些复盘场景下，也许参与复盘的只有管理者和下属两个人，但同样可以按照复盘的流程和工具进行对话，找到改进的方向。当然，在这种对话的场景下，管理者不仅仅有复盘这样的工具，还有很多其他的绩效沟通或辅导式对话的工具，就看哪个工具更能解决自己的问题。

以上，我们介绍了在组织里驱动复盘的五大类场景。在实际工作中，我们建议每个管理者都细致地梳理一下自己的工作中有哪些场景需要及时复盘，尤其是对业务结果达成及团队员工成长非常有帮助的场景。坚持做下去，把复盘作为自己的一个常规管理动作，定能收获非常有价值的结果。

现在可以重新思考一下，在你的工作中，还有哪些场景是一定要复盘一下的？

复盘会议前：做好设计与规划

复盘会议前，管理者需要把三件事情安排好：流程、人员和环境。

🔍 流程

流程指的是，根据复盘会议的时间做好会议流程的规划。在进行规划的时候，思考一下项目的特点和现状，在除开场与结束的四个阶段里分别选择合适的工具，并预估一下时间，这样一个复盘会议的流程规划就做好了，可以使用下面的表格来做规划（见表6-1）：

表6-1　复盘会议的流程规划

阶段	所选择工具	前期需要准备的数据或信息	具体流程	时间
开场				
系统扫描				
回顾历程				
分析原因				
总结经验				
结束				

✦ 首先，规划表格的最左侧一栏是一个会议的六个阶段，除了复盘的四个主要阶段，也预留好开场与结束的时间。如果是一个 2 小时的复盘会议，留 5~10 分钟做开场，留 5 分钟做最后的总结是合适的。复盘的四个主要阶段里，通常"分析原因"需要预留最充足的时间。

如果时间很紧张怎么办？有的管理者甚至只有 1 小时用来快速复盘。在这种情况下，建议把"系统扫描"阶段放在会议前，带着明确的问题复盘，精简"总结经验"的部分，让每个参与者快速罗列接下来的关键任务，把最宝贵的一起讨论的时间留给"回顾历程"和"分析原因"。

✦ 在"所选择工具"一栏，管理者需要在会议前就初步判断好使用哪个工具，并结合工具的特点，推导出前期需要准备哪些数据和信息。例如，如果我选择了"量化目标体系"的工具来扫描找问题，那么在前期，我就可以把相关的业务目标和业务取得的结果都整理在一张表单上，这样，在开会的时候，就可以快速比对、找问题。

在前面几章中，我们在每个阶段都推荐了一些可选择的工具，需要管理者自己理解并做出相对合理的选择。管理者也可以多学习、多实践，如果有其他的工具更贴合自己的复盘场景，就完全可以替换这些工具。人力资源团队最好能在支持业务团队复盘的实操中，基于业务的特点和需求，调整与优化这些通用的工具。

✦ 在具体流程一栏，管理者可以梳理一下，在复盘会议上具体如何进行人员分组，如何进行汇报，在哪里记录讨论结果等细节，让会议过程像过电影一样在头脑里过一下，想象会议进行的样子就可以了。这样做的目的是让管理者在主持会议的时候能有掌控感。

✦ 在规划表格的最右侧"时间"一栏，盘算一下每个阶段所需的时间，检查一下是不是能在预计的时间里开完会，哪些环节还需要缩减等。

　　我曾经带领团队对一直服务的某个大客户进行了复盘。我是复盘会议的主持人，小 A 是这个客户的客户经理，团队里还有四五个人一起参加了讨论。在复盘前，我整理了下面的流程规划表（见表 6-2）。

表 6-2　对大客户服务的复盘流程规划

阶段	所选择工具	前期需要准备的数据或信息	具体流程	时间
开场	—	—	我介绍一下会议的目的和大概流程	5 分钟
系统扫描	多维度标准	我先梳理一个"评价客户管理质量的标准"　小 A 准备好这个客户的所有项目信息	1. 我介绍标准，请大家给予反馈调整　2. 按照标准，请每个人为这个客户的管理质量打分并识别问题，写在贴纸上　3. 每个人分享自己的答案，团队对问题点达成共识	60 分钟
回顾历程	时间轴	提前梳理管理这个客户的关键时间点，及其每个阶段我们的客户策略	请负责客户的小 A 主要进行分享，其他人补充感受	30 分钟
分析原因	逻辑树	—	1. 我先带领大家梳理出原因大类　2. 每个成员负责就一类原因展开并深挖　3. 每个人介绍原因并共同完善	60 分钟
总结经验	个人成长收获	—	每个人分享自己的最大收获	15 分钟
会议结束	—	—	感谢大家，布置下一次复盘的主题	10 分钟

🔍 人员

谁需要来参加这次复盘会是管理者在复盘会议前应该认真思考的问题。一般来讲，下面几类人是复盘会议的主要参与者。

✦ **项目中的关键人**。和复盘的项目或事件强相关的人肯定是复盘会议的主要参与者，不过，当复盘一个跨部门的项目时，这个问题会变得有点复杂。

假如，有一个项目是 A 和 B 两个团队协同完成的。B 团队的管理者想复盘，这个时候有两种情况：

（1）B 团队的管理者成功地影响了 A 团队的管理者，A 和 B 两个团队愿意一起来复盘，这是最理想的。

（2）B 团队的管理者没有意愿或者能力去影响 A 团队的管理者，只能 B 团队自己复盘。这种情况在真实的商业环境里经常发生。这时，B 团队的管理者需要注意的是，不要把这样的复盘会开成对 A 团队的"吐槽会"，要更多地聚焦"自己的团队还有哪些没做到"。

✦ **客户或者用户**。有的时候，客户或者用户的反馈是对复盘非常有用的信息，例如开展新员工培训项目时，可邀请实际参加过的学员参与复盘。

不过，也有些管理者反馈，不太方便邀请客户或者用户参与，因为有些话题讨论得比较深，相对比较敏感。在这种情况下，可以不邀请他们来现场，一个不错的弥补措施是，让团队成员先对这些人做一些访谈，收集一些他们对项目的反馈，再把这些反馈带到复盘会议现场来。尤其是在回顾历程的阶段，可以把他们的视角和感受补充进来。

✦ **协同的伙伴**。这些人通常是我们的供应商、渠道或者生态伙伴，他们并不是团队的主要成员，有着不同的视角，也是不错的复盘参与者。尤其有意思的一点是，这些人很容易成为复盘会议中的"背锅侠"，很多问题容易被推到这些人身上，邀请他们参与也是对我们自己的一个提醒。

我曾经协助一家交付了"智慧城市"项目的团队复盘这个大型项目，在这个项目中，很多系统集成的工作都是外包给一些小公司和团队来完成的。在分析原因的阶段，我们能听到很多"集成伙伴不专业""外包团队工期配合不上"等言论。在分析完后，我好奇地问了一句："假如这些团队也来参与这次复盘会，你们觉得他们会同意这些原因的描述吗？"现场的小伙伴一下子笑起来，摇了摇头。如果是这样的话，我们寻找的原因就不太合格了。

如果觉得协同伙伴因为某些原因也不太方便直接参与，可以采用上面提到的方法，在会议前收集一下这些伙伴的意见和看法，将它们带到复盘会议中。

✦ **领域专家**。没有参与我们的项目，但是在这个领域里有经验、有洞察的专家也是复盘会议很好的参与者。尤其是在分析原因的阶段，他们可以提供自己的经验，对比团队的做法，找到更多有价值的结论。

157

在请专家参与的时候，最好在复盘会议前，找机会让专家对项目的基本情况信息有大概的了解，避免在复盘会议上花大量的时间向他们介绍。

环境

接下来，让我们看看如何安排复盘会议的环境比较好。整体来讲，人的动机更容易被环境影响，而不是被言语影响。

在复盘会议上，如果希望形成让参与者放松，卸下防御心，能够比较坦诚、爱发言、爱分享的氛围，那么，就可以在环境上尽量打造这样的空间：

- 会议室最好能允许大家围坐在一起，而不是按照传统的开会方式排排坐。如果是把一张大的长条桌摆在屋子里，就尽量不要让本来就有可能互相对立的两个团队分坐在两边，可以让他们穿插而坐。
- 会议室不要太大，拥挤一点反而更好营造氛围。
- 会议室里准备好白板纸、笔、可供粘贴的墙面或者白板支架。
- 尽量让会议室的颜色丰富一些，准备一些五颜六色、有不同形状的贴纸或者彩色 A4 纸、不同颜色的笔等。
- 准备一些"点赞"形状、"表情包"形状、"水果"形状的小贴纸，并鼓励大家使用它们。
- 准备一些没有强烈味道的零食、水果、饮料等。
- 准备一些令人轻松愉悦的背景音乐等。

以上的准备基本不需要额外花费时间和精力，每个管理者可以根据自己的情况来执行。

当然，这些都是在物理环境上做改善，除了这些看得见、摸得着的，其实团队氛围对复盘来讲更重要。只不过这并不是通过三言两语就可以马上改善的，良好的氛围需要管理者在日常管理中逐步营造。

复盘会议中：发挥引导技巧

前期准备充分后，管理者就可以按照自己设定的流程来引导复盘会议了。在会议中，管理者需要时时刻刻提醒自己的双重身份：

✦ 我要积极参与到问题识别、原因分析等每个研讨中，因为我是项目的重要参与者和影响者，很多问题都和我相关；

✦ 同时，我要跳出这个研讨中，站在更高维度来检查，现在这个会议是不是在按照既定流程开展，能不能达到会议目标，大家现在是不是都在积极思考，有没有谁有点小情绪等。

如果说第一个身份是在一楼检查，那么第二个身份就像在二楼检查一楼的情况。

站在二楼的角色，我们称之为"复盘会议的引导者"。引导，是一个非常复杂的知识体系和能力体系，结合我们过往对很多管理者在组织复盘会议时的观察，我们总结了几条比较简单但又非常关键的行为，供大家参考。不过在这之前，我们想先让大家了解一下复盘会议参与者的心理需求（见图6-1）。理解了这些心理需求，才能知道为什么这些行为非常必要。

图 6-1　会议参与者的心理需求

✦ 复盘会议参与者的第一个心理需求是**"安全"**。安全意味着"我在这个环境下进行坦诚开放的分享是没问题的"；会议研讨结果不会和后续的奖惩有直接挂钩；在会议上不管发表什么样的观点和看法都会被尊重，而不会被"嘲笑"。

对会议的"掌控感"也是安全的一部分，就是会议参与者需要清晰地知道这个会议的目的、流程、产出要求、需要自己如何配合等。管理者要注意呵护这些对"安全"的心理需求。

✦ 复盘会议参与者的第二个心理需求是**"认可"**。其实，这是所有人在沟通与交流中的底层需求，"我希望大家觉得我的发言是有价值的"。在很多次会议上，我都发现有些人本来相对沉默、不爱参与，一旦某次发言被认可、被称赞，他们马上就切换成了积极投入、愿意投入的模式。

管理者要学会在复盘会议上认可参与的人，在别人发言的时候保持专注倾听，认真呼应，并恰当地认可与鼓励，这是让复盘会议越开越顺、越热烈的法宝。

✦ 复盘会议参与者的第三个心理需求是**"有用"**。大家的工作都很忙，如果一个会议给人的印象是"没什么用处""该如何还是如何"，那么肯定会降低大家参与的意愿。满足"有用"这个需求，可能体现在两个层面上：一个层面是复盘的会议研讨过程让自己有新发现、有新认知、有成长、有能力提升方面的收获；另一个层面是会议真的讨论出了后续要改变、要落地的措施，而且这些措施是有人追踪、有人执行，真的能带来有价值的结果的。

要满足"有用"这个需求，不仅仅依赖会议上的引导技巧，也依赖后续的管理能力。

理解了这三个心理需求，让我们看看在复盘会议上，管理者一定要注意的关键行为都有哪些。

- **行为一：在会议开始的时候，亮明自己的身份，并介绍清楚会议的流程与安排。**

这一条行为是为了满足对"安全"的心理需求。就像开车上路，在知道有清晰的交通规则，也知道有警察来维护这些规则后，我们就会更加安心一样。与会者都喜欢目标清晰、流程清晰且有人维持秩序，确保会议按照既定议程执行的会议。

因此在会议一开始，管理者可以郑重地说明今天的会议有明确的目标、流程和计划，强调自己将作为会议的组织者来管理和规范研讨流程，在大家跑题的时候负责把大家拉回来，希望大家能够严格遵守会议的研讨流程和要求。这种郑重宣布也是让管理者在心里提示自己，会议组织者的角色比会议讨论的内容本身更重要。

- **行为二：介绍研讨问题与研讨流程的时候，讲清楚背后的原因。**

按照复盘流程，管理者会设计围绕几个阶段的研讨问题，在布置这些研讨任务的时候，一定要说清楚背后的原因，让与会者认识到这个研讨有价值，对自己"有用"。

例如，在很多复盘会议上，准备进入"回顾历程"这个阶段的研讨时，我都会这样去铺垫：

"接下来，我们要讨论问题的原因了，我知道大家都已经迫不及待了。不过在这之前，我还是要花 20 分钟的时间带大家回顾一下这个问题的发生历程。我认为这个环节非常关键，如果我们脱离了事实的回顾，很容易让我们的原因探究又回到我们固有的认知上，很多事实的细节是过往没注意到的，如果我们重新审视，可能会给我们的原因探讨带来非常有价值的新角度。因此，我会先让大家沿着时间轴来回顾一下。接下来，我说一下具体的要求……"

要突出这个研讨问题的必要性和价值，而不仅仅是布置一个任务，让大家去执行。

- **行为三：团队成员发言后进行认可，澄清，追问。**

在复盘会议研讨中，很多环节都需要每个人思考并发言。每个人发言之后，管理者有三个关键动作：

一是"认可"。别忘了，每个人都希望获得赞赏和价值感。因此不管这个人的发言质量如何，都应该给一句认可，就算是简单的一句"谢谢，我觉得你说得非常清楚"都聊胜于无，如果能够找到其发言中的亮点给予肯定就更好了。受到鼓励的人后续更倾向于展现"坦诚""开放""当责"的行为特质。

二是"澄清"。如果发言人的言论中还有模棱两可、不太清晰的地方，建议管理者多问澄清式问题。在我去不同的企业做复盘的经历中，我会非常明显地感知到每个组织都有自己的"语言体系"，表现为组织里的人都有"常用的词"，可是深究下去，就会发现不同的人对同一个词的指向是不一样的。

我曾经访谈一位直销企业的业务团队负责人，他会经常提到某人的"认知"有问题，经过澄清，我了解到他提到的"认知"其实是对这个事业和平台的"信心"或者"信念"，是对在这个平台发展自己的业务有没有信心。如果"认知"不足，这个人可能就会出现动摇。在对这个企业的HRBP进行访谈时，我发现她也在提某团队的"认知"不到位，经过澄清，我发现她嘴里的"认知"其实指的是这个团队对公司新战略的理解和认同感等。

所以，在复盘会议上，尤其要关注一些大家都习以为常的模糊词，多问澄清式问题。

三是"追问"。管理者在每个人发言后还要思考一下，是不是值得做一些追问。管理者基于自己对业务的理解、对项目的洞察，看看是不是能找到一些更好的问题，这些问题不仅能让发言的人有更多的思考，也可以让其他与会的人有更深的思考。

可以去追问的最重要的一个角度是"底层的逻辑"，即发言的人贡献了一个观点或看法，通过追问，搞清楚他底层的假设和推理逻辑，即这个观点是怎么得来的，他看到了哪些信息，他的判断依据是什么等。这些追问本身就是对发言人的理解和尊重，而且，这些追问可以让他有更深层次的思考。

- **行为四：每个阶段的讨论有明确的结论呈现。**

在每个大型的讨论结束后，管理者最好有一个明确呈现结论的过程。例如前期通过系统扫描找到了项目中的几个问题，管理者最好能在一个公共空间（墙上、白板纸上或共享的 PPT 上），把这几个问题用清晰的语言明确地写出来，让团队成员都看到并确认。

在分析原因的阶段，可能在构建"逻辑树"的时候，大家的原因被摆得乱七八糟，上面还有涂涂改改的痕迹。等到分析结束，需要把"逻辑树"重新用清晰的方式写出来或者贴出来，让大家重新看一下刚刚小组讨论的结果。

这个清晰的结果呈现，不仅确保会议能前后衔接，不至于脱节，同时也让每个人在会议中产生明确的获得感和节奏感，对于始终保持会议的良好气氛非常重要。如果会议每个阶段的研讨都是模棱两可的，似乎讨论了，但是又不知道讨论的结论是什么，那么慢慢地，大家就会失去积极参与的热情和信心。

- **行为五：学会管控不当行为。**

最后一个关键行为是要学会管控复盘会议上的不当行为。当感知到或者发现某些与会者的行为可能会对会议效果产生不利影响的时候，要及时关注并适时施加影响。

不当的行为包括：忙别的事情不参与、发言跑题、总是打断别人的发言、某些言论可能会打击别人发言的自信心等。

看见这些行为不等于马上就要干预，需要找到合适的时机和方式。在干预的时候，也尽量维护这些人的"脸面"，不要过于生硬，导致他们产生更多的抵抗情绪，对可能受到影响的其他伙伴要及时进行安抚与鼓励。

在一次产品复盘会议上，我发现其中一个小模块的负责人有打断别人说话的习惯，尤其是在他的小组人员发言时，他听了两句之后就开始打断，然后想帮助他们说话，比如"我听懂了，他的意思是……"。我很惊讶他为什么会有这样的说话习惯，不过他的小组成员看起来也都习惯了。我没有选择当场阻止，过了 10 分钟，我就宣布团队暂时休息一下，然后找到他，私下里对他说，我有一个建议，在会议上，同组成员发言的时候，先提醒自己不要发言。即使有冲动，即使是好心想帮他们，也先尽量控制自己，这样，他可能会有一些新感受或者新发现。同时，我也跟他说，接下来我在邀请他们组发言的时候，会把他排在最后一个，这并不是针对他，是想让他学习听听别人的分享。

只要我们的态度足够真诚，对方就会比较容易接受这样的反馈。

作为会议的引导者，管理者要始终提醒自己站在"第二层"，感知到哪些言语和行为可能会给会议带来不好的影响，在尽量尊重所有人的前提下，清晰表达研讨的规则并确保所有人都遵守。

复盘会议后：落地与传播

研讨会议结束了，如何最大化这次复盘会议的成果是每个管理者都需要思考的。我们有两个建议。

第一个，依托复盘会议"总结经验"阶段所得出的结果，管理者需要花时间去推动执行，最好能在某些节点上给所有参与会议的人发邮件更新一下执行的进展。复盘会议的结果有落地，对所有参与复盘的人来讲都是极大的鼓励，能够进一步激发大家参加后续复盘的意愿。

第二个，把复盘会议过程中的研讨产出做好清晰的记录和整理，可以用作组织内的经验传播。一方面，团队里的新人可以通过学习这些复盘文档来加深自己对业务的理解；另一方面，这些文档也可以用于跨团队的分享。按照复盘的四个阶段，把每个阶段研讨后产出的结论记录下来就可以了。

小结

在这一章里，我们重点分享了设计和组织一次复盘会议的全流程，以及不同阶段的关键技巧。在一个团队最开始使用复盘方法的时候，这些准备流程或会议过程会显得有些复杂；一旦形成了定期复盘的机制和文化，这个过程就会容易得多。

- 在会议前，想好目标，设计好流程，并准备好会议室。复盘是一次团队思想交流和碰撞的盛宴，让大家带着期望来参加会议。

- 在会议中，布置好每次交流的主题，对每个人的发言给予认可和鼓励，运用好的问题让大家有深度思考的机会。在过程中，尊重每个人，为大家打造一个安全的交流空间。

- 在会议后，对交流过的内容做好记录、整理和存档，并做好后续计划的追踪，为下一次复盘做好准备。

第七章

综合应用案例

灵活调用工具，解决多场景复盘

Structured
Retrospective

Building a Results-Driven
Evolutionary Team

个人复盘

个人复盘是精进自我的方法。它可以随时随地发生，你可以每天结束的时候都给自己做一个复盘，也可以在重大节点来临的时候做一次系统的复盘。个人复盘为每个人反思自我，加深对自己的理解，为自己寻找成长的空间打开了一个窗口。

个人复盘最大的挑战在于每个人都有自己的思维局限。因此，如果有可能，找一两个信任的人一起复盘是个不错的选择。这几个人可能是家人、是朋友、是上级、是客户、是与自己协同工作的小伙伴。

不管是自己复盘，还是邀请了他人，我们都是自己复盘的责任人，要按清晰的流程进行反思与讨论，秉承着自我反思的开放态度，我们就一定能让复盘成为帮助自己精进的有利工具。

在下面这个案例里，我们为大家介绍一个典型的个人年度复盘的流程与工具。

复盘的背景与目标

玛丽（Mary）在一家互联网企业工作了将近10年，她是一个目标明确且非常自律的人，每年年底都会督促自己做好复盘，为下一年的计划做准备。她的复盘不仅包括自己的工作，也包括自己的生活和家庭等，每年的复盘时光是她最享受的事项。

今年，她邀请我和她一起复盘，看看是否能给她一些有价值的建议。

现在，我们两个就坐在咖啡厅里，面前有打开的计算机和几张白纸，准备开始 Mary 的复盘之旅……

系统扫描

让我们先来看看 Mary 制定的年初目标是什么样子的。Mary 习惯用 OKR（目标与关键成果法）的方式来管理自己的个人目标，她给我看了一个长长的目标清单（见表 7–1）。

表 7–1　Mary 的目标清单

关键目标	关键结果
家庭财富积累得到提升，抗风险能力提升	年金储蓄 20 万元
	个人对个人借贷清零
全家健康管理，保持每个人的健康状态	双方父母及夫妻深度体检 1 次
	每个月至少坚持锻炼 10 天
	保持 11 点前上床睡觉的天数占比 30%

（续表）

关键目标	关键结果
亲子教育	带孩子远距离旅行至少 2 次
	教会孩子 20 首古诗
	陪孩子参加 2 项体育运动
个人成长与工作提升	寻找到新的工作机会并顺利过渡
	运营个人自媒体账号，积累 5000 个粉丝
	完成 MBA 申请，做好面试及笔试准备，争取到 1 个一类院校的提前审批资格

Mary 做个人复盘有很大的优势，因为她前期的目标非常清楚，我们依托她的这个 OKR 就可以了。她罗列的这些内容更符合我们之前提到的"多维度标准"的工具，于是我们快速地对她的每项结果做了一个扫描，梳理出了下面的亮点和不足（见表 7-2）。

表 7-2　Mary 取得的结果

评价维度	评价标准	取得的结果
家庭财富积累得到提升，抗风险能力提升	年金储蓄 20 万元	达成
	个人对个人借贷清零	达成
全家健康管理，保持每个人的健康状态	双方父母及夫妻深度体检 1 次	达成
	每个月至少坚持锻炼 10 天	达成
	保持 11 点前上床睡觉的天数占比 30%	未达成，只有不到 15% 的天数在 11 点前睡觉
亲子教育	带孩子远距离旅行至少 2 次	达成
	教会孩子 20 首古诗	达成
	陪孩子参加 2 项体育运动	达成

（续表）

评价维度	评价标准	取得的结果
个人成长与工作提升	寻找到新的工作机会并顺利过渡	达成
	运营个人自媒体账号，积累5000个粉丝，变现2万元	未达成，账号积累了不到500个粉丝，未变现
	完成MBA申请，做好面试及笔试准备，争取到1个一类院校的提前审批资格	超预期达成，争取到2个一类院校的资格

可以看出，她有两个"不达预期"的结果，也有一个"超出预期"的结果。如果时间允许，Mary可以对每一个结果都进行深入的分析。

在这两个"不达预期"的问题里，她最看重"个人自媒体账号粉丝积累不达预期，没有实现变现目标"这个问题，于是就让我们围绕这个问题推进后面的流程。

各位读者在进行个人复盘的时候，也可以先回顾一下你的个人年度目标是如何制定的，如果在年初并没有去定目标，那么在进行自己的年度复盘时，你有两个选择：一个是先制定一个类似Mary这样的评估标准，再对自己过去的一年进行扫描，识别问题；另一个是使用"阶段状态"的工具，按照时间顺序（如月份，季度）回顾一下自己做过的主要事情，来识别一下亮点和不足都有哪些。

当然，如果你想把自己的复盘限定在工作领域内，你也可以参考自己在年初制定的KPI（关键绩效指标）或者绩效目标来识别问题。

我们曾经辅导一家生产制造公司某一条生产线的负责人进行自己的个人

年度复盘，他根据自己年初制定的绩效目标来找问题。表 7-3 就是他在进行自我扫描后的结果。

表 7-3　生产线负责人的个人年度复盘

评价维度	评价标准	×× 年取得的结果	
产线产值	×× 产品线产值目标：A 亿	实际达成：B 亿，达成率 110%	达成
新客户开发	×× 大客户认证通过，产品进入量产阶段	×× 大客户认证通过，产品进入样品阶段	未达成
产品线技术能力提升	×× 工艺开发，产品进入大批量阶段	×× 工艺开发，产品顺利进入大批量阶段	达成
产品线平台能力建设	产品优良率 >93%	产品优良率为 90%	未达成
组织梯队 & 流程建设	• 团队离职率 <10% • 管培生保留率 >75% • 产品线运作管理流程架构完成	• 团队离职率：7% • 管培生保留率：93% • 产品线运作管理流程架构完成，组织职责未明确	达成
新工厂筹建	• 输出新工厂产品调研、分析报告及技术路线图 • 新工厂技术能力预研及提升项目完成率 100%	• 完成产品调研、分析报告及技术路线图输出 • 技术能力预研及提升项目完成率 100%	达成

回顾历程

让我们再回到 Mary 的案例中，她现在需要围绕"个人自媒体账号粉丝积累不达预期，没有实现变现目标"来回顾一下自己的经历，以便找到没有做好这件事的原因。Mary 发现其实从她年初想做这件事情开始，她大概只做了几个月就不了了之了。于是她把自己在这几个月里做的事情按照"时间轴"进行了回顾。

- 回顾的起点设定在自己开始想做这件事情的时候，终点就设定在最后一次更新。后面半年自己什么都没做，所以 Mary 回顾的其实是半年前的事情。
- 在时间轴上，按照月份标注了时间。
- 在每个月里，她回顾了自己当时做了什么，以及自己当时的感受。

这条时间轴基本上复原了她做这件事情的全过程（见图 7-1）。

在个人复盘中，个人历程回顾往往是比较容易的。作为亲历者，从自己的视角描述发生的过程及过程中的感受，更容易回忆起细节，如实做好记录就可以了。

分析原因

在回顾完上述流程后，Mary 邀请我跟她一起分析原因。她能很快想到的就是制作各种各样的视频或者笔记太浪费时间，当新工作忙起来后，就没有继续了。这当然是一个很重要的原因，但是如果只解析到这里，那么到了明年同样不会有什么有效的解决方案，因为明年工作也会很忙。

我认为她这次识别出来的问题"自媒体发展不及预期"是一个典型的绩效类问题，因此，使用参考 BEM 模型来梳理原因的"逻辑树"是没问题的。正如我们在前面提到的，对于绩效类问题，运用这个模型来系统地梳理原因

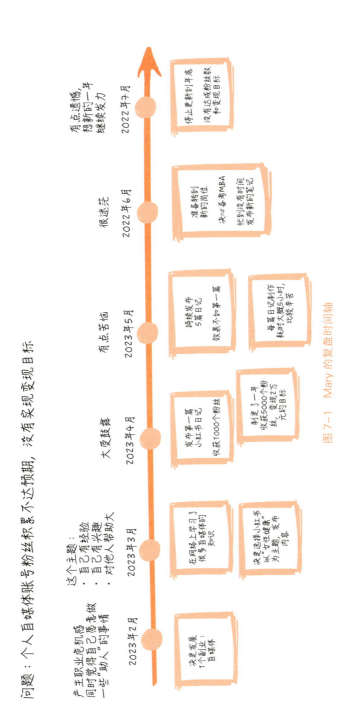

图 7-1　Mary 的复盘时间轴

非常有效。在个人年度复盘中，很多识别出来的问题都适用"BEM 模型"来进行分析。

我们先来梳理个体层面的原因，按照这个模型，有三类因素会影响绩效结果（见表7-4）：

表7-4　"个体因素"分析

因素	Mary 的案例
知识技能	**Mary 具备足够的运营自媒体的知识和技能吗？** 她思考了之后，写下了两条原因： • 缺少高效写文案的写作技能 • 缺少图文与视频的编辑技能
天赋潜能	**Mary 具备运营自媒体的天赋吗？她的个人特质支持她从事这个工作吗？** 这个问题 Mary 做不出判断，不过从第一个视频的反馈程度看，她至少是能做到的，因此这个部分没有识别出原因
态度动机	**Mary 有做好自媒体运营的动机和热情吗？** 她觉得自己是有的，且觉得能帮到别人让她很开心。不过从后期因为工作忙、视频反馈结果一般，她的热情就迅速滑落的表现来看，至少她的动机发生了很大的变化 经过反思，Mary 总结出了下面两个原因： • 做视频的首要驱动力为"职业危机感"，换了新工作后，危机感消失，内在动机下降 • "助人"的动机比较弱，且在做视频的过程中未被强化，也导致内在动机下降

分析完个体因素后，我们再来分析一下环境因素（见表7-5）。对环境因素的分析能更好地帮助 Mary 找到后续的改进方向。

表 7-5 "环境因素"分析

因素	Mary 的案例
数据、要求和反馈	**Mary 做这件事情的目标足够清晰吗？她知道自己要达成什么标准吗？过程中有没有给自己的进展反馈信息？** Mary 是一个计划性十足的人，虽然不是一开始就有目标，但是在发布了第一个视频后，她快速地给自己制定了可量化衡量的目标。不过，在对发生的历程进行回顾后，她还是给自己找了两个原因： • 目标设定缺少科学的规划过程（目标是在第一个视频反馈结果不错后火速定下的，尤其是变现的目标，在她看来"太天真了"） • 在执行的过程中没有进行阶段性拆解与追踪（比如要拥有 5000 个粉丝，后续她也没关注这个指标，也不知道需要做哪些关键的动作能完成这个指标）
资源、流程和工具	**Mary 在达成自己目标的过程中是不是有资源和工具来支持自己？与其他任务的协调上有没有什么不配合的地方？** 提到这一点，Mary 眼前一亮，其实她就在一家有着短视频产品的互联网公司工作，身边有非常多的资源可以利用，可惜的是，这些都没有被利用起来。所以，这个部分识别的原因包括： • 没利用有效的工具提升自己对图文、视频的编写与编辑效率 • 没利用身边的"行业专家"和人际关系来为自己实现目标做更多的意见收集和咨询 • 当我问她为什么之前没有想到时，她想了想说，觉得还是没有把这件事情的"优先级"放在前面，就像前面分析的，动机降低后，就没有想到这些了
后果、惩罚和奖励	**达成或者达不成目标，Mary 会收到什么激励或者惩罚吗？** 因为这是自己个人设置的目标，所以并没有设置这样的机制。Mary 想了想后，也列了一个原因： • 未设计阶段性自我奖励的机制

好，让我们把上面的分析过程用"逻辑树"的方式表达出来（见图 7-2）。

梳理完毕后，Mary 认为"换工作后，职业危机消失，内在动机下降"是最重要的一个原因，如果这个没有解决，那么其他的一切都意义不大。这个

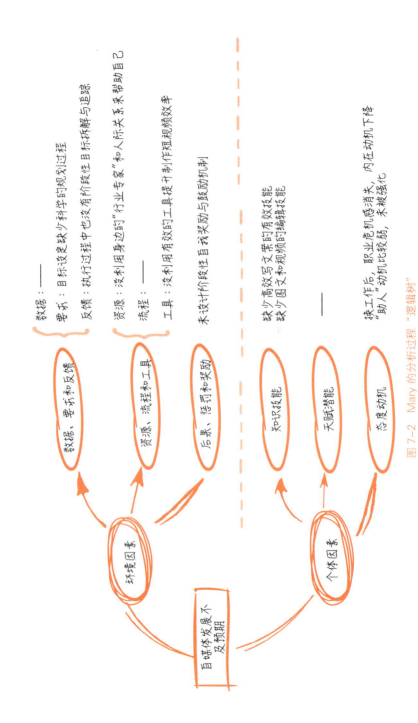

数据：

要求：目标设定缺少科学的规划过程

反馈：执行过程中也没有阶段性目标解析与追踪

资源：没利用身边的"行业专家"和人际关系来帮助自己

流程：————

工具：没利用有效的工具提升制作短视频效率

未设计阶段性自我奖励与鼓励机制

缺少高效写文案的有效技能
缺少图文和视频的编辑技能

————

换工作后，职业危机感消失，内在动机下降
"助人"动机比较弱，未被强化

数据、要求和反馈

资源、流程和工具

后果、惩讨和奖励

知识技能

天赋潜能

态度动机

环境因素

个体因素

自媒体发展不
及预期

图 7-2 Mary 的分析过程 "逻辑树"

分析的结果也让 Mary 有些触动，她一直以为自己做短视频最大的动机在于"助人"，但是从结果上来看，似乎"应对职业危机"才是那个更重要的。

针对个人复盘中很多问题的原因分析，BEM 模型可以帮助自己把问题的原因想得更全面一些。

总结经验

在完成了上述的原因分析后，我和 Mary 就进入了接下来的"总结经验"阶段。参考"经验问题清单"这个工具，我们从中挑选了一些可以使用的问题，基本做了两个层次的梳理：

- 第一层次：基于找到的原因，从动机、目标、资源、奖励这几个角度，分别思考一下明年"自媒体运营"如何做得更好（参考"经验问题清单"的"管理层面"）。
- 第二层次：思考一下问题的本质是什么，Mary 的其他工作是不是也可以有所借鉴。（参考"经验问题清单"的"延展层面"）

在第一层次上，Mary 自己先把上面的原因做了一个重要性的排序，她认为"态度动机"层面的两个原因是最重要的，如果这个层面的问题不想清楚的话，其他的目标、技能学习都无从谈起。于是，我们从态度动机讨论起，再使用"经验问题清单"，梳理了明年围绕这项任务要做的事情（见表 7-6）。

表 7-6　Mary 梳理的"经验问题清单"

关键维度	关键事项
明确动机	Mary 觉得接下来"职业危机"这件事情对自己的影响会变小，也不想把它作为自己做自媒体这件事的主要驱动力。如果还想继续坚持做下去，Mary 认为能够"帮助他人"还是非常重要的、可持续的内在动机。因此，她对明年有以下思考： • 这件事情的优先级排在工作及 MBA 学习之后，相应地，目标要求也要降低 • 目标设定不应该围绕"变现"以及"粉丝数"，而更应该围绕"帮助他人"来思考设定什么样的目标合适 • 思考一下，什么样的事情有助于不断强化自己"帮助他人"这个动机
设定目标	如前面所提到的，设定的目标要支持"帮助他人"这个大目的。Mary 认为可以做以下几件事情： • 设定合理的每个月发布笔记的篇数，督促自己坚持下来 • 设定"点赞数"和"粉丝评论数"目标似乎更加合理。至于具体设定成多少，需要了解更多的信息 • 不管如何设定以上目标，要定期检查与追踪是否达成及思考需要如何进行调整
资源与工具	Mary 认为之前制作过程耗时太长是打击积极性的重大阻碍，因此这个方面一定要有所进步，她罗列以下新目标： • 至少熟练掌握 3 种支持图文编辑与视频剪辑的工具 • 每个月与自己身边的"业内专家"交流 1 小时，学习如何更高效地完成这些事情
奖励机制	Mary 还决定，如果自己能够完成既定的目标（每个季度），就要自我奖励一下，例如去做一次 SPA

　　"自媒体"的事情可以暂时告一段落了，让我们再来看看第二个层次的思考题：问题的本质是什么？我们还能从这件事情中学习到什么？

　　我和 Mary 讨论下来，我们觉得这就是一个典型的"一个人进入一个陌生的领域，学习一项新技能"的场景。未来，Mary 还有可能遇到更多这样的场景，从这次的复盘中，Mary 有下面的感悟：

- 一定要明确掌握这项技能的"目的"是什么，自己真正的动机是什么。目的的不同决定了"目标"设定的不同。
- 进入新领域，很容易快速"拍"出一个不太容易实现的高目标，导致达不成目标打击了自己的信心，从"低目标"开始设定是更合理的做法。
- 目标设定后，还要拆解好过程的目标，而且最好给自己设定一些奖励机制。
- 每项新技能的学习大概率都有非常多的资源可以利用，一定要学会利用资源帮助自己。

以上就是 Mary 通过自己的年度复盘取得的收获。个人的阶段性复盘是每个人更新迭代自己、提升成长能力的重要方式，期望 Mary 在新的一年能更好地实现自己的目标。

案例小结

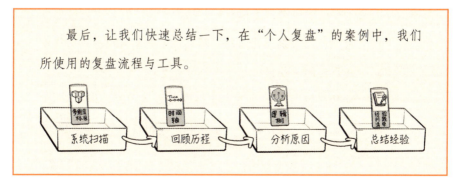

最后，让我们快速总结一下，在"个人复盘"的案例中，我们所使用的复盘流程与工具。

系统扫描　回顾历程　分析原因　总结经验

我们认为这套流程与工具完全可以平移并应用到你的个人复盘场景中，在进行复盘的时候，需要注意：

- 在"系统扫描"阶段，认真思考并设定衡量过去一段时间取得结果好坏的"标准"，这个标准可以只有工作维度，也可以包含个人健康、财务、关系等各个你看重的维度。更重要的是，为每个维度设定一些可衡量的标准，用这些标准来扫描自己的"这段时光"，找到问题。

- 在"回顾历程"阶段，大多数个人复盘识别出来的问题，都可以用时间轴来详细回顾一下。这个步骤对很多人来讲是一个很有意思的回忆过程。按照时间，把过去像"看电影"一样在脑海里过一遍，不放过任何细节，想一想当时的感受，将它落在纸面上。很多时候，回忆结束了，很多答案就已经浮现了。

- 在"分析原因"阶段，作为个人复盘最有挑战性的部分，如果你可以邀请一个知己、好友或者一个你很尊重的人一起来参与这个过程就更好了。如果复盘的范围包括你的家庭，可以把你的孩子也邀请进来，你会发现这是一个非常难得的坦诚交流意见和看法的机会。同时，参考绩效类问题分析的"BEM 模型"梳理"逻辑树"，是很多个人复盘会采用的方式。当然，如果识别的问题并不属于绩效类问题，那么需要在分析原因的时候根据自己的理解来绘制"逻辑树"。

- 在"总结经验"阶段，个人复盘可以使用"经验问题清单"这个小工具，也可以使用更加聚焦个人收获和成长的"个人成长总结"工具。

项目复盘

在组织里，很多事情都是通过项目来推动执行的。一个项目，有明确的项目目标、计划、组织和管理机制，由项目经理负责，确保达成结果。项目复盘，是组织里复盘的刚需，尤其是跨团队合作项目、创新项目或者出现重大问题的项目，大家都希望通过复盘找到更好的管理项目的方法。

项目复盘的目标往往有两类：一类是找到项目中做得好或者不好的地方，总结经验与改进建议，把下一个项目管理得更加科学；另一类是促进协同团队之间的互相了解与理解，为未来的协作打下基础。

在项目复盘之前，在设定大的复盘目标的时候，一定要注意"不要复盘没来参与的人的问题"，这是复盘中最容易出现的一个误区。

我曾经协助一家典型的 To B 业务公司的项目交付团队进行复盘。当时参与这次复盘会议的是整个项目团队的交付方，那个项目他们交付得非常痛苦，过程中因为交付边界不清晰而与客户发生了不少摩擦，在回款的环节也很拖沓，导致团队的绩效不是很好。

在复盘的时候，项目经理希望能够通过这次会议提炼出"如何能在售前管理好客户的预期和交付边界"，而实际上这个项目经理并没有能力把售前团队卷入这次复盘。

这样的复盘几乎不可能成功，可以预见到交付团队一定会对售前团队有很多吐槽，把所有的原因都归结到售前没做到位，也会列出一堆解决方案。但是，售前团队会接受这样的结果吗？大概率也不会，他们有他们的苦衷，毕竟签下合约，拿下合同，对公司来讲是更重要的目标。

因此，这位交付团队的项目经理，有两个选择：第一个，与上层沟通，或者发挥自己的影响力，把售前团队邀约进这次复盘会议，把问题放在两个团队的面前，共同讨论。讨论的主基调也不是这次到底应该怪谁，而是都找找自己的原因，共同探讨后续的项目如何规避这样的问题。第二个，如果没办法把售前团队卷入这次复盘会议，那么交付团队就只能复盘自己能力范围内能解决的问题，把复盘的主题定为"在售前客户预期管理不足或者不清晰的时候，交付团队如何更好地交付，确保回款"。

接下来，我们为大家分享一个典型的交付项目复盘，并依托它分享更多项目复盘的注意事项。

复盘的背景与目标

M 公司是一家主要为 B 端客户服务的 IT 系统集成商，针对不同的行业，公司有不同的项目组，根据客户的业务需求和技术需求，为客户提供 IT 开发和集成服务，是一个典型的 To B 项目交付型企业。

萨姆（Sam）是公司的交付项目经理，他想围绕最近交付给 N 公司的一个项目进行一次复盘，这个项目从立项到交付上线一共执行了将近 10 个月，业务平台系统原计划 10 月 25 日上线，最终延期了将近 2 个月，到 12 月 15 日才算正式上线。

N 公司的各个业务部门都对系统开发提出了需求，过程中有不少磕磕绊绊。考虑到在接下来的一段时间里，各个业务部门还会围绕这个业务平台系统进行深度的定制开发，Sam 决定对过去这一阶段的开发过程做一个全面复盘，找到里面都有哪些经验和教训可以借鉴，以便更好地完成接下来的开发项目。

复盘会议的主要参与者是 Sam 交付团队里的所有人，大概有 8 个人，其中雪莉（Sherry）是协助 Sam 进行项目管理的助理，其他人基本都是技术工程师，大家都比较内向，在日常会议中发言的积极性也不高。

在这个复盘会议开始前，Sam 有两个诉求：一方面，他希望工程师们能积极发言，有问题直说，把问题暴露出来才会有所改进；另一方面，在这个交付项目中，团队工作很辛苦，加班多，对客户的抱怨也很多，Sam 希望大家能够更加积极正向地看待所遇到的问题，更多地反思一些自己做不到位的地方。

系统扫描

因为这个项目跨度长，涉及的人也特别多，过程中有不少磕磕绊绊和突发事件，所以 Sam 必须先对项目做一个相对系统的扫描，找到一些聚焦的问题和方向，否则一个长达几小时的复盘会议几乎讨论不出什么有价值的结论。

Sam 基本排除了使用"量化目标体系"和"多维度标准"这两个工具。

- 这种交付项目的目标相对模糊和笼统，"按时""按约定质量"交付项目，且"让公司能够准时回款"就是目标，但这个目标显然不够细，缺少过程性的指标，对识别项目问题的意义不太大。
- Sam 所在的公司目前还没有一个达成共识的、用以明确一个项目做得好与不好的多维度标准。Sam 自身的经验也不足以制定出一个全面的标准体系。

因此，Sam 最终决定使用"阶段状态"这个工具。将一个交付项目划分出非常明确的阶段，让大家一起梳理出各个阶段的问题，是当下最合适的方式。

Sam 设计了这样的表格，并且在"预期状态"以及"实际情况与取得的结果"两列，把自己前期能整理出来的一些信息放了进去，亮点和不足则等待团队成员共同讨论得出（见表 7-7）。

表 7-7　Sam 的"阶段状态"工具表格

阶段	预期状态	实际情况与取得的结果	亮点	不足
需求分析	• 按时完成需求分析 • 需求文档编写完整清楚 • 按时完成需求评审	• 需求文档按时完成且通过需求评审会 • 需求文档不完整，部分需求未落实到文档上		
功能设计	• 按时完成功能设计文档 • 设计文档全面反映需求 • 设计文档经过需求方确认	• 包含了网页操作功能，也包括了底层的功能逻辑 • 方案包含需求分析、功能设计及开发协同等几个关键部分		
系统开发	• 按阶段要求完成开发 • 开发过程高效	• 开发完成比计划晚了将近2个月 • 过程中需求更多，很多变更发生在开发完之后，需要返工		

（续表）

阶段	预期状态	实际情况与取得的结果	亮点	不足
系统测试	• 按进度完成功能测试 • 用户测试且测试报告结论为符合需求预期	• 为追赶系统开发进度，缩短了系统测试周期 • 测试代码与正式代码不一致，需要时间核对 • 5 个功能测试了 3 个，不满足上线标准		
上线交付	按时上线（10 月 25 日）	延期至 12 月 15 日发布		

在完成上述表格时，Sam 在"预期状态"栏里，填入了很多他认为的项目开发与管理的最基本要求。在填写"实际情况与取得的结果"的部分时，他也尽量放入了一些他知悉的、相对客观的事实和描述。

在复盘会议上，Sam 把表 7-7 做成了一张 PPT 展示出来，并且把 8 个人分成了两个小组，请他们分别总结一下不同阶段的亮点和不足。

在这个阶段，需要不断提示各个小组的是，尽量停留在亮点与不足的识别上就可以了，这些亮点与不足应该是从结果、从现象中描述出来的，而不要花时间去探讨背后的原因是什么。

Sam 自己也加入了一个小组，跟着一起讨论，不过他需要时不时地去了解一下另一个小组的讨论情况，确保他们没有过快进入原因分析。

小伙伴们在这个环节讨论得非常热烈，把小组的结论在白板纸上做了记录，15 分钟后，每个小组进行分享。在这个环节，Sam 带着大家把两个小组的结论进行对比，找到大家普遍认可的亮点和不足，在一张大白纸上做了记录（见表 7-8）。

表7-8　小组讨论出的亮点与不足

阶段	亮点	不足
需求分析		需求分析不完整： • 有些需求未被发现（事后开发时才浮现） • 有些需求没有记录在需求文档上
功能设计	• 方案协同了需求、功能与开发三个方案 • 方案不仅包含了页面逻辑，也包含了底层逻辑 • 设计过程中的沟通敏捷高效	
系统开发		• 开发进度严重拖延 • 开发过程中需求变更严重 • 部署时间延长
系统测试		推不动用户测试，多次延期
上线交付		上线时间延误

从大家的问题识别的结果来看，大家普遍觉得功能设计阶段做得有亮点，不足的地方也非常明显。接下来，Sam 与团队需要决定一下复盘的重点是哪个。把这几个问题认真分析一下，他们有了下面的结论。

• 功能设计阶段"超出预期"，可以继续研讨，萃取一下该阶段的优秀做法与技巧。

• "需求分析不完整"与后面的"开发过程中需求变更严重"有非常紧密的关系。

• "开发进度严重拖延"是一个单独的问题，我们相信，这个问题也和需求分析与变更的不足有关联，但是不排除还有其他问题和原因让开发进度拖延，因此，这个问题可以算一个单独的问题。

- "部署时间延长"是一个单独的问题。

- "推不动用户测试，多次延期"是一个单独的问题。

- "上线时间延误"应该是上面所有问题带来的结果，不需要单独作为一个问题。

在上述问题里，团队选择了"开发过程中需求变更严重"这个问题。这个问题大家感受最强烈，一致认为是这次项目中对延期影响最大的因素，因此把它作为接下来复盘的重点。

到这里，在 Sam 项目中，"系统扫描"阶段就结束了，接下来团队会紧紧围绕重点问题进行后续的复盘动作。其他的问题，Sam 可以选择留待后续进行复盘的时候再讨论。

在项目类复盘会议中，选用"阶段状态"工具来进行扫描并识别问题的占大多数，主要是因为一般项目的目标都是相对比较笼统的，不太容易梳理出非常量化的目标体系。相当一部分项目复盘也可以采用"多维度标准"工具，当一类项目重复多次，已经可以沉淀出多维度的衡量标准时，那么依托这个标准来识别这类项目中的问题是更加客观的。

在项目类复盘会议的系统扫描阶段中，还需要注意避免让参与者一下子就进入"抱怨"和"吐槽"的状态。在分阶段识别各个阶段问题的时候，大家借着识别问题，大吐苦水，很快就把一直以来不满意的地方暴露出来。

团队成员身上出现这种情况，某种程度上也并不是坏事，因为它至少表明大家在进入非常真实的状态，愿意在这个环境下提出问题，面对问题才能真正解决问题，所以并不需要完全否定这种情况。当然，听之任之也并不是好的做法，"吐槽"可能意味着大家已经把问题归因到某些人了。

因此，在这个阶段，管理者在听到有人"吐槽"或"抱怨"的时候，可以运用这样的引导技巧来进行管理："你说的这些问题和原因确实在项目中都存在，我们今天就是为了解决这些问题才来开会的，不过现在不需要展开这么多，先把明确的问题点写清楚，我们稍后会花时间对每个问题做系统的原因分析。"

回顾历程

接下来，Sam 要带着团队围绕"开发过程中需求变更严重"这个问题来回顾历程。一个 IT 外包项目中，对接的需求方非常多，变化的需求也不是一个两个的。虽然这个问题爆发在开发阶段，但肯定与更前面的需求调研阶段发生的事情相关。因此 Sam 决定运用"时间轴"这个工具把这个项目的需求调研以及在开发阶段中反复发生的需求变化情况做一个相对完整的回顾。

Sam 在会议室的墙上布置了一个时间轴（见图 7-3）。

问题：开发过程中需求变更严重

图 7-3　IT 外包项目时间轴

他认为回顾的起点要从项目最开始的需求调研阶段开始，在那个阶段，IT 交付团队的人员都去与客户的不同业务团队进行了沟通，进行了系统的需求调研访谈，不过从结果看，这个阶段应该有不少地方没有做到位，导致后面的问题发生。回顾的终点设在开发阶段延误发生就可以了。在这中间还有一个关键的节点，就是项目的需求评审会。

Sam 请每个人回顾一下自己在不同阶段的"所见""所闻"，并写在大小合适的贴纸上。在书写的时候，同样强调一下，尽量还原当时的事实，不需要把自己认为的"原因"写上去。他给每个人 5～6 分钟的时间，写好后，将贴纸粘贴在墙面上。会议的时间并不是很长，这个阶段不用每个人都汇报，给大家一些时间，让大家互相看看彼此写的信息，如果有问题或补充，可以提出来。所以，Sam 很快就完成了"回顾历程"这个阶段（见图 7-4）。

项目的复盘会议中，采用"时间轴"回顾历程也是一个非常常见的方式，因为对于很多跨团队合作的问题和矛盾，都比较适合回顾当时具体的发生过程，比如有过什么沟通，各自的感受都是什么等。

一般来讲，我们先给予参与复盘会议的每个人充分的时间，让他们按照时间去回顾，不需要和他人交流，想到的细节越多越好；然后邀请每个人一边分享自己的经历，一边把贴纸粘贴在墙面上。在某些项目会议复盘中，人比较多，这个环节的时间就会比较长，可以采用的一种方式是把人按照岗位进行分组，比如采购组、工艺组、产品设计组等，不同的小组可以以小组为单位总结看到的事情，然后按岗位分享。

在项目的复盘会议中，"事实看板"也比较常见。如果在项目前期的问题识别中，找到的问题点更倾向于是项目的某些制度、某些机制、某些流程

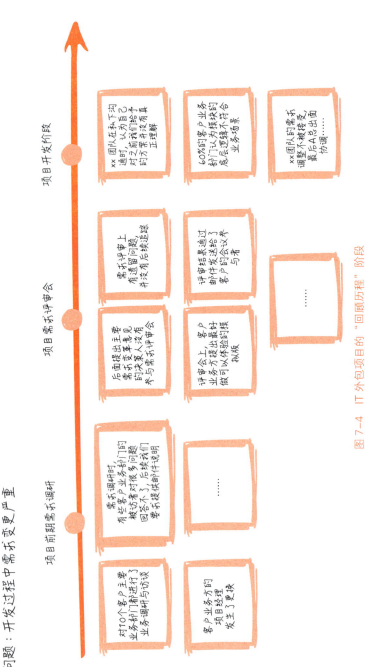

问题：开发过程中需求变更更严重

项目前期需求调研	项目需求评审会	项目开发阶段
需求调研时，有些客户业务部门的被访者对很多问题回答不了，后续我们要求提供邮件补充说明	后面提出主要需求变更意见的决策者并没有来参与需求评审会	xx团队在下沟通时，认为我们自己对之前我们给予的方案理解并没有正确理解
	评审会上，业务方提出最好做可以体验的模拟版	60%的客户业务部门认为我们搭建的底层逻辑不符合业务场景
对10个客户主要业务部门都进行了业务调研与访谈	需求评审上有遗留问题，并没有后续跟踪	xx团队对需求调整不被接受，最后A总出面协调……
客户业务方的项目经理发生了更换	评审结果通过邮件发送给了客户的参与者	

图 7-4 IT 外包项目的 "回顾历程" 阶段

有问题，那么把这些制度的现状及可能有关的数据复原出来，对后面的原因分析是更有价值的。例如在这个项目中，如果团队决定把问题点锚定为"功能设计方案很出色"，那么则适合采用"事实看板"的工具。

🔍 分析原因

在"回顾历程"结束后，Sam 带领复盘会议的成员进入了"分析原因"阶段，他计划让大家先罗列全"开发过程中需求变更严重"这个问题的原因，再用逻辑树带领团队进行原因的归类和深挖。

不过他有一个隐隐的担心——他觉得团队成员很有可能把原因更多归在客户业务团队不配合上，甚至在前面回顾历程的时候，他就已经私下听到有人在说"客户业务方项目经理换人"是导致项目出现问题的最大原因。作为未来还会交付很多类似项目的管理者，他还是希望大家能更多地找到自己身上的不足，以及未来如何规避类似问题发生的方法。

因此，他计划在使用逻辑树的时候，参考前面提到的"关注圈""影响圈""控制圈"的概念来带领大家讨论。

按照计划，他先让每个人把自己能想到的所有原因进行罗列，为了避免大家的思维过于"懒惰"，他要求每个人至少写下 5 个原因，如果觉得自己找不到这么多原因，可以多看看刚刚大家梳理出来的"时间轴"，参考整个历程，看看是不是能找到新的原因。

几分钟后，团队成员的笔都停下了，大家就开始分享了。Sam 请一个"最晚加入公司的小伙伴"先开始分享自己的答案，如果他的答案大家也都同意，就保留在研讨纸上；如果有人对他的答案有不同的意见，则可以提出来共同讨论，看看是否需要保留。

等到所有小伙伴都分享结束后，白板纸上留下了各类大家普遍觉得相关的原因。Sam 作为最早加入公司的人，最后一个分享了自己的观点和看法，也补充了 1 个观点。令 Sam 尤其惊喜的是，团队成员并没有一味地抱怨业务团队的问题，也找了很多自己的问题。

在大家粘贴原因的时候，但凡写得不是很清楚的、可能有歧义的，Sam 都要求重新调整描述，尽量清楚地把原因写在上面（见图 7-5）。

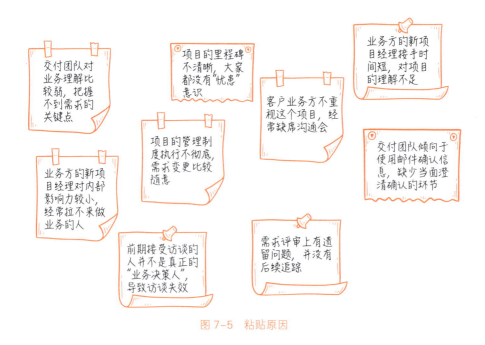

图 7-5　粘贴原因

接下来，Sam 要带着大家把这些原因进行归类。他向团队简单介绍了一下"关注圈""影响圈"和"控制圈"的概念，建议大家先把原因按照这三个圈进行一下分类。大家发现，在找到的原因里，没有属于"关注圈"的；和客户方的业务团队相关的，基本属于"影响圈"；而交付团队自己的问题都属于"控制圈"。

根据这个逻辑，大家很快就做好了原因的分类（见图 7-6）。

在图 7-6 中，最右侧的贴纸上写的信息都是大家之前梳理出来的原因，团队对这些原因做了归类，分到了三大类原因里。

接下来，Sam 要带着团队逐个看一看每类原因是不是可以继续往下去追问"为什么"。处于"影响圈"的原因，可以更多导向询问"为什么我们没能阻止这种情况的发生"或者"为什么我们没有做更多的动作来改善这个问题"。针对"控制圈"的问题，就直接询问"到底是什么原因导致我们出现了这样的失误或问题"。

在这里，很多管理者可能会有担忧：明明过程中合作伙伴（在这个案例中就是客户业务团队）确实有做得不太到位的地方，却都要问自己有什么没做对的，这是不是有点不太公平。我们认为：

- 合作过程中，对方的表现和能力不完全可控，因此在这类项目复盘，尤其是跨团队项目复盘中，更有意义和讨论价值的是，自己还可以做哪些事情去尽量推动项目目标达成。就像在这个项目中，当然可以督促客户业务团队未来要重视项目，需求不要变来变去，但是放眼更多的项目，客户业务团队的需求澄清不完全、不准确，开发过程中出现需求变更是个大概率的事情，因此对于交付团队来讲，更有价值的讨论方向就是假设客户的业务需求还是变来变去，我们可以做些什么来更高效地交付。

197

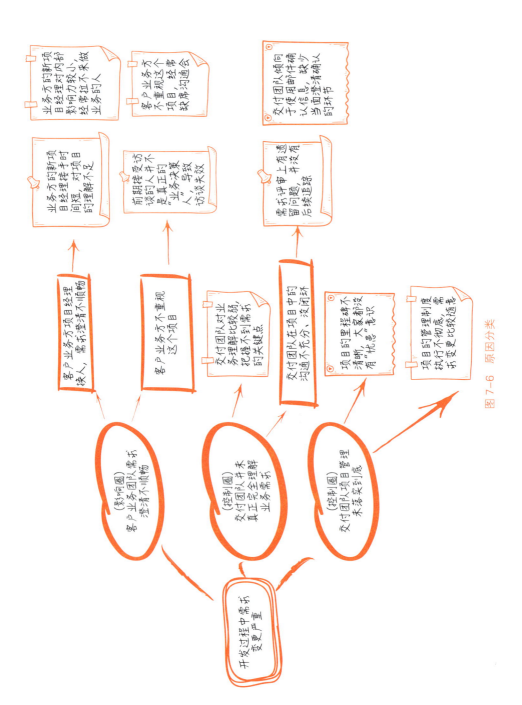

图 7-6 原因分类

- 交付团队也可以建议客户业务团队做复盘的动作，在讨论原因的时候，他们可能也会提到"交付团队不能理解业务"等。他们也需要向内转，需要思考自己还能做些什么事情让项目更顺利进行。双方的复盘都更多地"向内看"，就能提高大家承担责任的意识，促进各个团队当责文化的构建。

在 Sam 的带领下，交付团队对每个类别的原因都做了深入的分析：

- 针对"客户业务方项目经理换人，需求澄清不顺畅"的问题，可以看出新来的经理对项目理解不足，对业务的理解也不足。反思交付团队没有做到位的地方时，大家总结到，我们是不是应该对什么样的人可以承接前任项目经理、承担这样的岗位和职责有一些建议，是不是没有对新项目经理做充分的项目拉齐培训（见图 7-7）。

影响圈：客户业务团队需求澄清不足

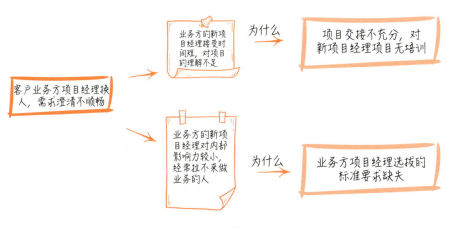

图 7-7　对原因的深入分析一

- "客户业务方不重视这个项目"的问题，表现为关键人不参加前期的访谈和后续的沟通。交付团队认为我们可以继续改进的一个地方是"我们没能更好澄清这个交付项目的价值"，没能足够吸引客户业务方重视这个项目。如果继续追问"为什么我们没能澄清价值"，大家的本能反应是"我们缺少澄清价值的意识或者不知道该如何更好地突出项目价值"，原因落在了团队的知识和技能缺失这一类型上。

  这个原因并不能让我们满意，因为它对应的解决方案"我们未来要重视强调价值"或者"要提升澄清价值的能力"都比较模糊。因此大家一起讨论了"澄清价值"到底应该有哪些行为（如澄清项目背景很重要等），我们到底是哪一条没有做到位。结合大家的其他项目经验，大家可以七嘴八舌地来贡献想法（见图7-8）。

影响圈：客户业务团队需求澄清不足

图 7-8　对原因的深入分析二

- "交付团队对业务理解比较弱"这个问题，和上一个问题本质上是一致的。如果问"为什么交付团队对业务理解弱"，好像就会走进死胡同，因为大家的回答一定是"我们的经验少"等，这些原因不太能导向有价值的解决方案。

　　因此，这个问题最好能继续展开，落实到行为上："理解能力强"通常指要做到什么，我们这一次到底是哪里没有理解好，下次我们需要在哪个方向上努力。

- 针对"交付团队在项目中的沟通不充分、没闭环"的问题，大家认为是因为项目管理流程和沟通机制没有明确。这个原因和图 7-9 中其他原因反映出来的其实都是 Sam 作为项目经理在管理上的各个环节有不少缺失。在这个项目中，必须为 Sam 点个赞，他很坦诚地承认自己在很多项目流程管理和制度落地的坚持上做得不到位。他自己反思，一方面自己在工作量变得很大的时候，就忽略了很多重要的事情；另一方面，他也没有很好地向自己的上级寻求帮助，总是自己硬撑着去解决（见图 7-9）。

控制圈：交付团队项目管理未落实到底

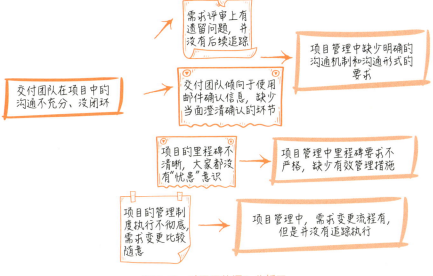

图 7-9　对原因的深入分析三

随着对每个类别的原因做了深挖，分析原因的阶段就结束了。依托这些信息，团队就可以进入总结经验的阶段了。

在项目类复盘会议中，项目经理是极容易成为"有责任"的一方的。一个主动发起项目复盘的管理者，本身就是一个负责任的人，是想把问题解决的人。在我经历的复盘项目中，很多项目经理都是勇于担当的人，在会议上表现出来的行为就是对问题不回避，对自己没做到的事情坦然承认，这些并不会削弱项目经理的"权威性"，反而会增加大家对他们的信任。

一个比较容易出现挑战的情况是，当两个团队在一起复盘时，会"为自己辩护"，尤其是合作过程中本来就有龃龉的两个团队在一起，更容易认为是对方的责任更大。我认为这个时候更考验项目经理或管理者的领导力。建议两个团队的项目经理在复盘会议前就做好沟通，在会议上以身作则，每个人都更多地从自身去寻找原因，面对一些问题的时候，主动承认自己的不足，这对消除两个团队之间的隔阂、促进团队合作是非常有帮助的。

总结经验

终于到了复盘的最后一个阶段，Sam 在启动这次复盘的时候，一个最重要的目标就是项目组准备好迎接接下来各个业务团队对系统进行二次开发的项目。因此他想采用"经验问题清单"罗列和总结一下所有收获，并运用"团队行动计划"工具把在下一阶段项目开始前可以做的事情都完成，为下一阶段的工作打下基础。

参考"经验问题清单"里的问题，Sam 找到了下面几个有价值的问题。

- 在员工工作方法层面，可以讨论"未来，如何更好地呈现项目价值，如何更好影响员工对业务投入时间和精力"，还需要讨论"未来，我们如何提升交付团队对业务的理解，需要收集与分析出什么信息，才能算作对业务理解了"。

- 在管理层面，Sam 觉得可以讨论"未来，项目的沟通机制和变更管理机制需要如何设计与优化，才能让需求沟通更加深入，减少后期的需求更改"。

- 在延展层面，Sam 可以带领团队快速扫描一下是否还有其他项目也有类似的问题（如变更机制没有坚持到底，沟通没有闭环等），引以为戒。

围绕上面的几个问题，Sam 把大家分成了三个小组，分别进行讨论和输出。在输出的时候，小组一定要参考前面分析原因的过程，因为里面有很多观点是可以借鉴的。

小组把这几个问题的答案输出好后，Sam 让团队成员们思考在下一阶段开始前，团队都可以完成哪些事情，请每个人写好自己的行动计划。

3 个多小时很快就过去了，Sam 在会议结束的时候向团队成员表示了衷心感谢，完成了这次复盘会议。

案例小结

> 最后，让我们快速总结一下，在"项目复盘"的案例中我们所使用的复盘工具。

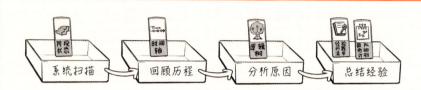

我们认为这套组合适合大部分的项目复盘场景。在进行复盘的时候，不同的阶段需要注意以下几点：

- 在系统扫描时，把项目拆解成3~5个大的阶段，并初步描述在某个阶段里，项目应该有一个怎样的理想状态，应该在什么时间节点达成该状态，应该在质量上达到什么标准，应该在过程中有什么产出等；再把这次项目中的一些基本情况罗列在不同的阶段，对比找一找哪个阶段更有问题，哪个亮点更值得深挖，哪个问题更加关键、重要，对结果有重大影响。

- 在回顾历程时，运用"时间轴"把项目中的问题展开，让不同团队的声音都展现在一根长长的箭头上，做好事实的回顾。

- 在分析原因时，项目的复盘会议尤其需要关注"当责"式的原因探寻，不同的团队都尽量积极地思考，我还可以做些什么让项目进行得更加顺畅，最终达成目标。管理者要以身作则，自我反思尤为重要。

- 在总结经验时，可以思考是否还有项目可能存在类似的问题，以便进行经验平移。

故障复盘

故障、事故、偏差、投诉复盘是组织里的典型复盘场景。有的组织对这类复盘有明确的要求，即出现了故障，处理完毕后必须复盘，需要在复盘后填写固定的模板。在这类复盘报告中，故障的原因是什么、解决措施是什么往往都被记录得很清楚。这类复盘如果做成对人的追责会议是有风险的，没有人愿意在这样的会议里待下去，但是如果这类复盘能带来组织管理流程的优化，让发生故障的概率更低或者处理故障的方式更高效，那么就非常有价值。

大多数故障复盘是小范围的（3~5 人），时间也大多为 1~2 小时，可以高频发生在一线中。我们强烈建议组织把故障复盘的流程标准化、工具化，让更多有关联的经理和员工能即拿即用，高效快速地复盘故障类问题。

接下来，我们就给大家介绍一个生产一线发生的典型复盘过程。

复盘的背景与目标

S 公司是一家电子元器件生产企业，马经理是该企业的开发质量主管，负责多条生产线的生产质量问题。就在上个月，一条生产线出现了严重的质量问题，一个产品从试产转向量产后出现了"脱胶"问题，批次不良率高达70%，缺陷比率高达 20%，给公司带来了比较大的经济损失。

在故障出现后，团队马上进行了停线处理，明确出现该故障的主要原因是前期设计时没有在内层做铺铜设计，属于在设计上就有缺陷。产品设计团队迅速优化了铺铜设计，并重新做了测试，结果未再出现脱胶的问题。

问题倒是解决了，不过马经理觉得需要对这个故障进行复盘，因为从故障发生的过程来看，一个明显的问题就是在产品试生产时，脱胶问题曾经作为一个生产异常出现，却未引起重视，到了量产的时候才大规模爆发，给公司带来了损失。

马经理本人是这个结果的负责人，也是过程中所有异常的关键处理方。除了自己，产品设计工程师和参与了后面产品问题解决的产品工程师也都是关键人。他想拉着这些人一起做一次复盘，看看异常处理过程有没有什么可以优化的空间。

对故障类问题的复盘，通常并不是去寻找那个技术问题的"根因"。从实际发生过的情况来看，在故障发生的第一时间，组织就要在现场快速分析，找到根因，马上解决，降低损失，并不会拖到复盘会议上去找根因。复盘会议，往往是在问题处理完毕后才会举行的，它的价值在于：

- 分析故障的发生过程，讨论为什么没能在故障发生前就发现和预防，为什么没能让"小火苗"在更早的阶段就熄灭；
- 分析故障的处理过程，讨论是不是可以更加高效，是不是还有可以改进的地方，是不是有浪费的工作量，是不是有更简单的方式去处理它；
- 根据故障发生的根因，思考其他团队、其他产品、其他项目中是不是也有类似的风险，是不是应该马上进行排查，避免犯下同样错误。

驱动故障复盘的还很有可能不是一次故障，而是一类故障。某些小故障发生后会被快速解决掉，不会触发复盘机制，但是如果某些故障在一段时间内频繁发生，往往会引起管理者的警觉，他们非常希望知道到底是哪里出了问题。

一家制衣企业的生产设备管理部门在每个月的定期数据检测中，发现某个生产工具的报废率超过了目标报废率50%，也就是因为生产的损耗，一个月本来应该报废 10 台设备，可到了月底一统计，发现报废了 15 台，这意味着有很多机器属于非正常报废。于是设备团队马上把这个月围绕这些设备的报废记录全部整理出来，要挨个分析、归类原因，复盘一下设备管理和保养是不是有什么漏洞。

系统扫描

故障复盘在"系统扫描"这个阶段有一定的特殊性，有的故障非常小、非常明显，那么扫描并找问题这个阶段就可以略过，因为问题在复盘的一开始就已经被识别了。

我们曾经为一家药品生产企业提供复盘的服务，发现这家企业对生产要求得极为严格，他们分析的并不是"故障"，而是"偏差"，但凡有任何与规定要求不一致的，都需要在校正后进行对"异常"的复盘。比如有一个生产工具需要摆放在某个固定的位置上，且应该和地面保持 90 度垂直，某天一个工人在放置的时候，没有垂直放置，而是斜着放置了，这就成了一个"异常"，需要记录、分析，找一找到底是什么原因，未来是不是可以避免。

类似这样的复盘，识别问题几乎就不需要了，复盘的起点就是"某生产工具未垂直摆放"这个已经非常清晰的问题，直接去回顾事实，分析原因就好了。

当然，也有故障发生及解决过程非常复杂的情况，那么需要做好系统回顾与扫描，识别在这次故障的发生及解决过程中到底有哪几个问题值得深究。

在马经理的这个案例中，他认为问题已经非常明确了，就是在量产前的试生产阶段出现的"脱胶异常"并没有被重视，没有被很好地解决，他就想优化一下未来的异常处理过程，那么"系统扫描"这个环节就可以略过了。

马经理找来了产品设计的工程师（PDE）与主管，以及负责现场问题解决的产品工程师（PE）与主管，几个人打算花 1 小时快速复盘一下。

回顾历程

在这家工厂里，所有的生产过程都有信息留存，围绕这次产品的"异常处理"过程，相关的设计参数、异常处理时的各类测试数据都有文档记录，因此在这个环节，马经理计划采用"事实看板"这个工具，让大家围绕当时的各类数据参数，补充一些自己当时的所思所想就可以了。

在开会之前，他把围绕这个问题的相关信息做了一些整理，他从自己的文档里找到了这个产品在生产过程中的各种数据，把它们都进行了简单归类，制作了一张 PPT。

在一个小会议室里，马经理快速地明确了会议的目标后，就用自己的计算机展示了和这次"异常处理"相关的信息，然后他让所有人从自己的视角再补充一些事实及自己当时的想法，在大家分享的时候，他在旁边把听到的信息迅速做了记录（见图 7-10）。

问题：试产阶段，脱胶异常处理失效

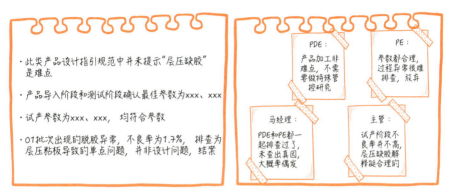

图 7-10 "异常处理"的"事实看板"

在数字化管理已经非常成熟的今天，相当多的故障和投诉其实都可以找到很多客观的信息和数据记录，这些都应该成为复盘会议的输入，可以在前期做好整理。

例如：如果我们复盘的问题是平台上的客户投诉，那么可以先对系统里大量的投诉信息进行分类整理，在复盘会议上分享给大家，会对复盘过程很有帮助。

分析原因

在"回顾历程"结束后，马经理带着大家进入了"分析原因"的环节。这次复盘会议的时间比较短，大概只有 1 个多小时，因此一个比较有效的策略是团队先一起讨论出可能的原因大类，再分别进行排除，把不适用的原因类别删掉，对适用的原因类别进行补充，看看有哪些更细分的原因。

团队先考虑用"人机料法环测"，这是生产制造领域一个比较成熟的框架，很多生产问题大家都愿意从这六个角度来穷尽原因，因此团队也挨个进行了分析（见表7-9）：

表7-9　生产问题的原因分析

维度	含义	本案例分析	分析结果
人（Man）	指操作者对质量的认识、技术熟练程度、身体状况等因素	在本案例中，异常处理人本身的认知和能力对结果影响非常重要	保留
机器（Machine）	指机器设备性能、测量仪器的精度和维护保养状况等	本案例涉及机器的部分非常少，且关联性也几乎没有	去除
材料（Material）	指材料的成分、物理性能和化学性能等	在本案例中，出现异常的原因和材料有关系，但脱胶的真因已经找到，和材料本身没有关系，因此并不是复盘的重点	去除
方法（Method）	指生产工艺、作业指导书、工作流程等	在本案例中，异常处理的具体方法非常关键，看起来这次的方法不是很有效	保留
环境（Environment）	指工作环境，包括温度、湿度、噪声、照明等	本案例不涉及	去除
测量（Measure）	指监控和保证产品质量而采用的监视和测量设备	本案例不涉及	去除

因此，最后他们只保留了两个最相关的类别：人和方法。同时，在方法层面，团队决定继续细分成两个类别：一类是出现异常后，对异常原因分析的方法本身是不是存在不足；另一类是针对异常的管理流程是不是有不合理的地方。这两个层面不一样，但都非常重要。在团队达成共识后，马经理就快速地在自己的PPT里梳理出这样一个大框架（见图7-11）。

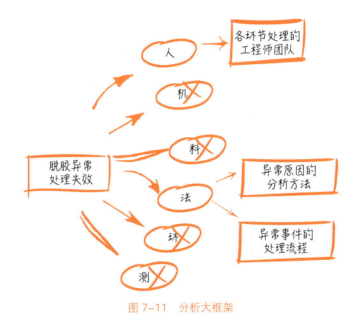

图 7-11 分析大框架

之后，马经理请现场的几个人思考一下这几个类别分别有哪些做得不好、不足的地方或行为，把答案先写在自己手中的白纸上。几分钟后，从产品设计的工程师先开始，每个人讲述一下自己的答案，马经理负责快速录入，大家可以看到这个逻辑树一点点展开的过程。有时候，一个人已经分享完自己的原因，但在听到别人的原因后，受到了启发，想进一步补充自己的看法，这是允许的。总之，这个环节就是大家一起把拼图拼起来的过程。

结束后，团队获得了这样的结果（见图 7-12）。

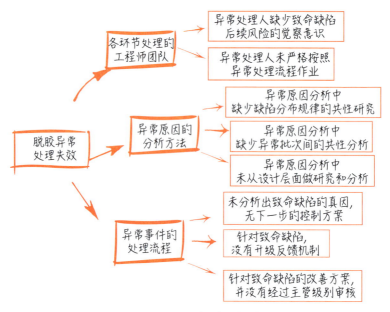

图 7-12 团队分析逻辑树

整体来讲，从这三个大类原因出发，他们都找到一些更小颗粒度的、没有做到或没有做好的部分，并分门别类地罗列在这里。接下来，马经理再带着团队迅速地扫描一下，看是不是有哪些问题值得继续深挖，继续探寻背后的"为什么"。

这里的很多原因，如果继续问为什么，得到的答案是"我们不知道"或"我们不会"，这时候基本可以暂时停止，后续去总结经验就好了。只要把通过这次的问题处理得出的经验和教训整理好，下次就会了。有些原因则值得继续追问"为什么"，比如"异常处理人未严格按照异常处理流程作业"的原因是什么等。在经过新一轮追问后，团队共创的原因拼图又扩大了（见图 7-13）。

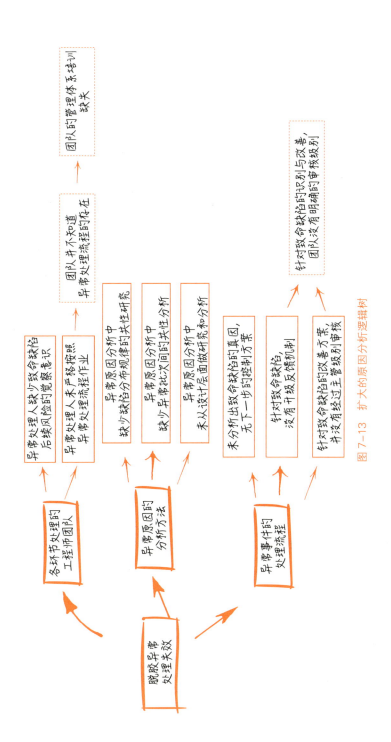

图 7-13　扩大的原因分析逻辑树

异常处理人缺少致命缺陷后续风险的觉察意识

异常处理人未严格按照异常处理流程作业

各环节处理的工程师团队

异常原因分析中缺少缺陷分布规律的共性研究

异常原因分析中缺少异常批次间的共性分析

异常原因分析中未从设计层面做研究和分析

异常原因的分析方法

未分析出致命缺陷的真因，无下一步的控制方案

针对致命缺陷，没有升级反馈机制

针对致命缺陷的改善方案，书没有经过主管级别审核

异常事件的处理流程

脱胶异常未处理失效

团队的管理体系培训缺失

团队并不知道异常处理流程的存在

针对致命缺陷的识别与改善，团队没有明确的审核级别

213

到这里为止，团队复盘的分析原因阶段就告一段落了。

回顾这次故障复盘中的原因分析，我们发现"人机料法环测"这个框架对团队能快速进行原因分析和整理发挥了很大的作用，这个模型基本上提供了"逻辑树"里的原因大类。这个框架可以让每一次故障复盘中的原因分析更加全面而高效，利用"排除法"可以更快锁定关键的影响因素。

除了"人机料法环测"这样具有普遍适用性的原因框架，团队也可能有自己开发的一个"原因框架"。如果一个团队经常对一类问题进行分析，慢慢地，待团队对问题有了足够的洞察后，就能够整理出来一个"原因框架"，后续的所有原因分析都可以依托这个框架，进行更高效的分析与识别。

假如你是一家公司媒体公关部的负责人，负责运营公司的微信公众号、微博账号、抖音账号和官网等，那么你很有可能每周都要和团队复盘在各平台上推送内容的数据。通过这类复盘，你们会逐渐总结出一个分析内容质量好坏的"原因框架"，包括标题、内容、写法、宣发时间、抽奖机制等几大类原因，甚至每个大类原因还包括细分原因，这些可以帮助你们快速诊断出每个内容好与不好背后的原因是什么。

这个原因框架，在我看来，就是通过复盘这样的机制做出的非常有价值的"经验沉淀"。

总结经验

分析完原因后，已经过去了 45 分钟，马经理想花大概 15 分钟让团队中的每个人都能领走一个小任务,共同把"异常处理"里的流程漏洞填补上。因此他把重点放在"团队行动计划"上。

他邀请每个成员参考大家刚刚完成的原因逻辑树,主动认领一下自己可以后续牵头做的事情。因为时间的关系,他没有让大家写在纸条上粘贴,而是让大家把事情录入自己计算机中的一个表格里。这个表格也非常简单,包含了后续行动计划的关键要素(见表7–10)。

表7–10 计划表格结构

时间截止日	任务	负责人

依托原因逻辑树里的每一条,大家开始挨个梳理要做的事情,并初步排好了计划(见表7–11)。

表7–11 完整的计划表格

时间截止日	任务	负责人
11月28日前	完善"异常原因模板",加入对异常规律的梳理角度,例如分布位置是否有共性等	马经理
11月28日前	设计并输出"异常原因分析"环节与产品设计团队联动的标准、流程和机制	产品设计工程师
11月30日前	建立与完善"异常处理"管理流程,包括方案、处理权限、升级机制等	马经理+产品工程师
12月30日前	在上述内容通过内部审核后,完成异常处理的案例宣贯与异常处理流程的内容培训	马经理

马经理把这个计划输入PPT后,松了一口气。他用这个文档完整记录了问题、相关数据、事实回顾、原因分析的逻辑树以及后续的行动计划。他把

这个文档发送给了今天参会的所有人，一个高效而富有成果的复盘会议就结束了。

案例小结

最后，让我们快速总结一下，在"故障复盘"的案例中所使用的复盘工具。

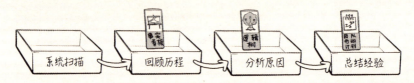

我们认为这套组合适合大部分的故障复盘场景。我们所说的故障复盘，本质上是对一类突发事件的复盘。这些事件发生得出其不意，没有事先的准备和筹划，解决的过程也充满了不确定性。突发事件包括故障复盘、投诉复盘、偏差复盘、事故复盘、舆情事件复盘等。

这类突发事件有一定的特色，因此在工具选择上也有一定的规律：

- 在"系统扫描"这个阶段，有可能在会议前就明确了问题。故障是什么、问题是什么，在复盘会议前大概率就比较清楚了，不太需要在会议上再重新扫描与识别。因此这个阶段可略过，直接从问题开始是故障复盘的一大特色。

- 在"回顾历程"这个阶段，"事实看板"是一个非常合适的工具，围绕前期识别的问题，复盘会议的推动者可以先准备好各种基础信息，把这些事实摆在复盘会议的现场，只需要大家补充一些自己当时的观察和感受就可以了。

- 在"分析原因"这个阶段，可以采用逻辑树来进行分析，寻找原因的过程可以借助一些成熟的"原因框架"，让原因的分解更加高效。

故障复盘的原因分析的侧重点往往并不在于故障本身的根因或真因是什么，因为这些技术问题往往在复盘会议前就已经解决了。故障复盘的一大输出应该是检查故障的预防机制及处理机制是不是合理，后续是不是有长效的处理措施能杜绝同类问题再发生。

- 在"总结经验"这个阶段，"经验问题清单"和"团队行动计划"都是很适用的工具。有时候，也可以直接从前面梳理出主要原因，用来推导后续的解决方案。

业绩复盘

业绩复盘，基本上属于"周期性节点"驱动的复盘。管理者们最大的诉求是通过复盘会议拆解下个周期的指标，找到下个周期的机会点等，但是这种急迫的心情容易带来一个问题——上个周期的问题还没有被真正识别，没有从事实出发系统地梳理一下原因，就匆匆忙忙进入下一个周期，寻找机会点。在还没有扎扎实实地做分析的基础上制订计划，只能依赖自己长期以来形成的经验和洞察，就容易出现"问题就是那么几个问题，解法也没什么新意，没办法真正解决问题"的困境。

所以，对于管理者来讲，慢下来做复盘是一个非常重要的事情。

业绩复盘的优势在于往往有大量的数据作为基础，业绩管理基本都有非常严密的指标拆解体系，因此在找问题的时候相对容易，而且业绩结果非常客观，达成与未达成一目了然。识别问题的环节更多的是要找到具体的过程指标里哪个节点还没有达成。

在进行业绩复盘的时候，原因分析是比较有挑战性的。各个领域的销售管理方法往往都已经非常成熟，很多差距可能就是体现在执行力上、体现在很多次具体沟通和服务的细节上、体现在管理者的日常反馈中。因此，要找到有价值的、有新意的洞察不太容易。

接下来，我们挑选了一个典型的销售业绩复盘的案例来介绍如何使用复盘的流程和工具。

复盘的背景与目标

王华是某城市一家大型国有银行的个人金融部的销售负责人。在这个城市里，有 80 多家该银行的网点，共有 70~80 名销售主管，负责管理 300~400 名理财经理。王华的团队里有 5 名产品经理，分别负责保险产品、理财产品、基金产品等不同类型的产品（见图 7-14）。

每个季度，王华都会从总部承接各类产品的销售指标，她会把这些指标拆解到不同类别的产品上，再由产品经理把销售目标拆解到各个不同的网点。产品经理还会负责梳理产品卖点，并给理财经理们培训。每个产品的销售周期从一个月到几个月不等，不过产品经理通常要提前做准备，因为理财经理们负责销售的产品太多了。是不是能记住这些产品知识，是不是能给客户提供专业的答疑解惑，以及最重要的——是不是有足够的动力去向客户推荐，都是产品经理要关心的。在产品真正开始销售的时候，产品经理就会忙于追踪销售的过程，确保按进度和目标拿到最终的结果。

每个季度结束后，王华都会和这几个产品经理一起开个季度会。每次季度会的流程都是类似的，王华让每个产品经理在会议前都准备好自己这个季度的工作报告，包括自己所负责方向上各个产品的销售达成情况、遇到的主要问题，以及接下来的季度要推进产品的工作重点。在每个人报告结束后，王华想让其他的产品经理也给些反馈和意见，她则会根据自己的业务洞察给每个人一些改进意见。

不过这样的季度会让她遇到几个头疼的问题：一是在一个产品经理汇报的时候，其他人似乎并不感兴趣，给出的问题和反馈也都浮于表面，客套大

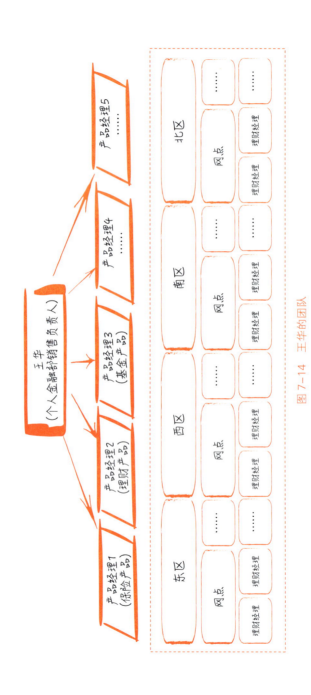

图 7-14 王华的团队

于真诚；二是她发现她提出的很多意见似乎并没有得到很好的落实，在之后的季度里还是会反复出现问题。因此，她在琢磨是不是可以改变季度会的方式，用复盘的方式来进行讨论。

让我们来看看王华的这次复盘会是如何操作的。

系统扫描

一季度很快就要结束了，王华在筹划这个季度的会议如何开。回顾整个一季度，她一直在密切地追踪着各个产品线的进展，整个季度的销售达成距离之前制定的目标有一些差距，不过在整个行业环境都充满挑战的情况下，她的整体达成率非常亮眼，在各个城市分行里排名靠前。

在这些销售数据里，有一款债券型基金 A 的销售比较亮眼。其实这个产品在刚开始被总行引入的时候，王华并不是很看好，一方面锁定期比较长，要三年以上；另一方面，收益率也不是很高，只对风险承受能力弱的客户有吸引力。虽然上个季度，股票市场的表现还不错，但让客户愿意认购这个产品并不是容易的事。

这款产品的销售排在了全国各个城市分行之首，她觉得产品经理张琳发挥了非常大的作用。在日常的沟通中，她也有了解过张琳的管理过程——管得非常细致，也有一些有创意的做法。但其他产品的表现就不尽如人意了。她自己整理了一张图，可以非常明显地看到这个季度不同产品的销售现状（见图 7–15）。

把详细的数据逐一比对，王华找到了两个比较明显的问题：

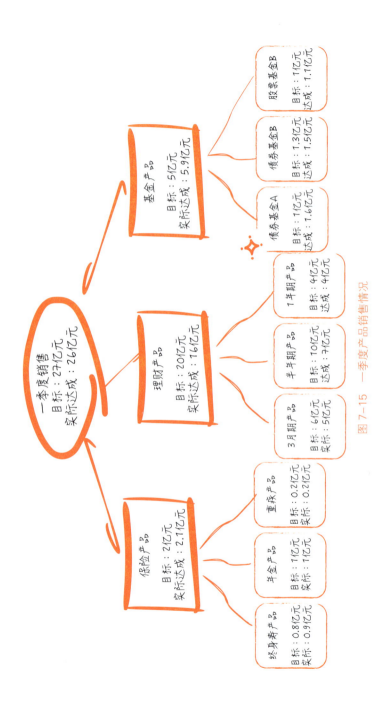

图7-15 一季度产品销售情况

- 半年期理财类产品的销售只达成了 70%，不及预期。

- 基金销售很出色，每个产品都超额完成，尤其是债券基金 A，超额 60% 完成目标，且该产品的销售在全国各主要分行里排名第一。

王华想把这次季度会的重点放在张琳的产品销售上，她希望通过复盘张琳这次销售的过程，来找到产品经理驱动及管理产品销售的经验。她尤其希望在张琳复盘自己的销售过程的时候，其他产品经理也能对比着自己的销售管理过程，看是否可以找到可借鉴、可复制的经验。

像王华一样，在销售类复盘会议中，选用"量化目标体系"工具的占大多数，而且系统扫描这个阶段完全可以发生在复盘会议前，管理者只要把前期制定的目标和实际达成的结果做成一张 PPT，在复盘会议上与团队达成共识就可以了，复盘会议的主要时间留给回顾历程和分析原因阶段。

在王华的这个案例里，她团队的销售目标拆解逻辑非常简单——直接按照不同的产品线进行拆分。我们所接触过的销售团队中，大多数也是采用产品、区域、客户群、行业或渠道等拆分指标。我们还接触过有些销售团队按照销售策略来进行指标拆解，也比较有借鉴意义。

某家医疗器械公司的某产品线销售总监，在新的一年承接的销售指标比前一年提高了 30%。总监需要思考这 30% 的增量可以从哪里来，为此，他制定了两条销售策略。

- **拓展新科室**。现在的产品销量主要产生在胸外科或者普外科，他希望销售们能主动去接触还可能用到产品的泌尿科、妇科和急诊科。总监希望这条策略能带来目标增量的一半。

- **推广新的手术方式**。在现有客户中，推广创新的手术理念和手术方式，这样就可以推广公司的创新产品。总监希望这条策略能带来另一半的增量。

在年底进行复盘的时候，这两条新策略并没有带来预期的增量，总监在运用"量化目标体系"这个工具的时候，就把新增的业务指标按照两条不同的策略进行拆解，看看到底是哪里出了问题。

这位总监在拆解的过程中首先发现的问题就是，他的新策略并没有落实成更详细的过程指标，只有一个方向和一个想要的结果。其次，他在复盘会上，还想通过过程的复原与分析，探讨一下这两条策略制定得是否合理，以及如果合理，应该如何设定更详细的过程指标。

回顾历程

当王华决定要复盘主要问题时，她和负责基金销售的产品经理张琳做了沟通，请她提前准备一下，把自己推动"债券基金 A"销售的全过程尽量完整地复原一下，之后让其他产品经理对比一下自己的产品推动过程。她建议张琳采用"时间轴"的方式做好回顾。

在会议前，张琳就把自己的销售全过程尽量完整地用一张 PPT 做了初步的整理（见图 7-16）。王华看了后，觉得有些简单，张琳销售过程中很多有亮点的部分并没有展现出来，所以就让她把这个过程也在白板纸上先准备好，在会议的过程中，如果讨论出了更多详细的信息，可以陆续补充上去。

王华还让张琳把自己在这个产品销售中准备的话术、培训方案等文件都准备好，在会议上如果有需要可以及时分享出来。

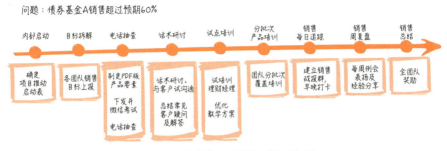

图 7-16　张琳整理的销售过程时间轴

季度会议开始了，王华先简单展示了一下自己整理的销售业绩全景图，接着就告诉大家，今天的会议主要想聚焦在"债券基金 A"的销售上，会议的主要目的就是复盘一下张琳对这个产品的销售推动，看看有哪些原因让她这次销售成功。

接下来，王华请张琳按照时间轴上记录的信息，介绍了一下自己的销售全过程。王华发现她在介绍的时候，分享的信息要远远比罗列在时间轴上的信息多。因此，在张琳介绍的时候，王华把很多信息写在贴纸上，并补充到了这张白板纸上。

在张琳介绍结束后，王华向与会的其他产品经理说："其实，张琳推动这只基金销售的基本过程和方法大家都是熟悉的。我们每个人都会把目标拆解到小团队，为团队准备话术，做产品的培训，并且在销售期内密切地跟进和激励。不过魔鬼就在各种细节里、在执行里，大家可以对比一下她的做法和自己现在的做法，看看有没有想继续澄清和提问的问题，尤其是，如果有些环节你在自己做的时候遇到了很多挑战，你就可以问一下张琳在这次销售中是如何做的。"她让大家思考了一会儿后，继续说："不过我提示一下，大家最好先不要进入分析原因的阶段，只做事实层面的提问就好，我们先了解清楚张琳到底都做了哪些细致的工作，再来一起讨论她的成功要素。"

这个时候，其他的产品经理开始七嘴八舌地提问，比如"为什么你会有试点培训？我们都是直接就培训了，试点培训和正式培训有什么区别""我在拆解目标的时候，让小团队的负责人们自己报，他们都报得明显偏低，你的团队有没有碰到这样的情况"等。张琳如实回答，王华协助做些补充记录。在这轮提问与澄清结束后，这张时间轴就变成了这样（见图7-17）。

销售团队的管理模式通常都是"各自为政"，销售团队在目标拆解清楚后，基本是各自负责一摊，个人之间的合作并不多。复盘会议也会呈现这一面——到了"回顾历程"阶段，基本就变成了一个人的"独角戏"，做个人故事的分享，因为每个人都没有深度参与别人的销售过程。有时候，销售管理者可能对这个过程有所了解，可以补充信息。因为这个历程更多是"独角戏"，在"回顾历程"阶段，我们可能会遇到一些挑战。

- 一位优秀的销售人员回顾自己某个季度或某个产品的销售业绩达成情况时，容易回顾得非常"简略"。一些做得好的人往往感知不到自己身上的哪些做法和经历是比较独特的，他们通常会觉得自己做的和别人也没什么不一样，因此很多有价值的细节会被忽略。甚至在某些企业文化里，优秀的销售人员会倾向于把成功归功于管理者或者公司的平台等。
- 一位业绩不达标的销售人员回顾自己某个季度或某个产品销售的业绩达成情况时，容易出现的挑战是他"有选择"地分享自己的一些事实，有可能会刻意或无意地夸大某些外部因素，如客户的挑战，突出自己做过的努力（虽然没取得什么结果）等。这也是人之常情，当自

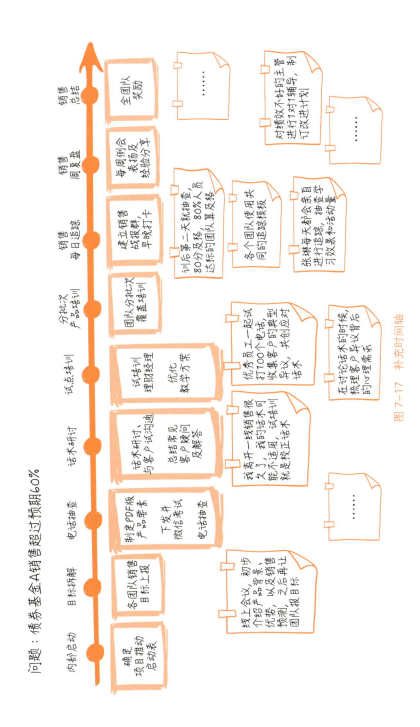

图 7-17 补充时间轴

己没做到的部分被"曝光"的时候，人总是有些不好意思和愧疚的。

因此，在销售人员回顾完历程后，可以采用的一个弥补性办法就是让大家围绕他分享的时间轴进行提问，其中管理者的提问尤为重要和关键。

- 对于优秀销售人员的历程，建议每个与会的人都把自己的做法与之进行对比，找不同，或者参考每个人自己遇到的挑战来提问。如果大家的销售管理或者销售方法都基本类似，"我们之间的差别到底在哪里""我碰到了这样的挑战，我就放弃了，你有没有碰到，你的解决方法是什么"，这些问题的回答对于后续萃取成功的经验、找到影响成功的关键因素非常有价值。
- 对于未达成业绩的销售人员的历程，管理者需要基于自己对业务和客户的理解，看看是不是有些信息并没有完整浮现。比如销售人员可能就介绍到"给客户发出了邀请，客户没接受，没来参加公司的大会"，我们可以继续追问"客户具体拒绝的理由是什么？是完全没有回复还是怎样？这个时期，客户有在做什么别的事情吗？有参加竞品公司的会议吗"，等等。提问并不是责备这个销售人员，而是表现出好奇，了解更详细的信息，以便找到未来更好管理这个客户的方法。

这些提问既可以突出复盘对象与其他人的不同，也可以把一些隐藏的信息尽可能地询问出来。在上述提问、澄清、回答的过程中，管理者也要把答案尽量变成贴纸，粘贴在墙上，这样在后面进行原因分析的时候，大家都可以参考这些信息。

复盘会议中的一个非常重要的管理技巧是，很多讨论不要说完就让它们消散了，有价值的事实和观点尽量留存在大家都能看到的地方，做好保存。

🔍 分析原因

在"回顾历程"结束后，王华让大家先自己思考，并且写下他们认为张琳这次销售结果超预期的原因。她着重提示大家可以尽量对比自己的操作，看看张琳有哪些做得不一样的，这些不同的操作很有可能是带来卓越结果的关键因素。

每个产品经理，包括王华和张琳都先自己写下了答案。之后，每个人在团队面前说一下自己的答案，说完之后，把自己的贴纸粘贴在墙面上，后面的人继续说出自己的答案。如果自己提出的某个原因和前面别人提到的某个原因一致或非常类似，就尽量粘贴在一起。在所有人都分享完毕后，墙上就形成了三堆贴纸，也就是大家的答案基本可以归为三大类（见图 7-18）：

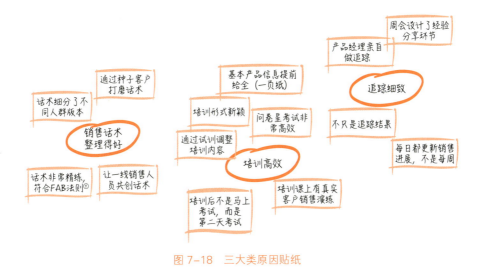

图 7-18　三大类原因贴纸

---

① FAB 法则，即属性、作用、益处法则，在销售领域被广泛应用。——编者注

229

王华给这三类原因形象地打了个比方（话术－弹药精良、培训－精兵训练、追踪－冲锋陷阵），然后按照"逻辑树"的方式，把这些原因进行了重新排布和梳理（见图7-19）。这样排布好后，她就可以检查原因分析的两大要求：除了这三大类原因，还有没有别的大类原因缺失了；每一大类下的小项原因是不是还可以继续追问，好让后面总结的经验更具操作性。

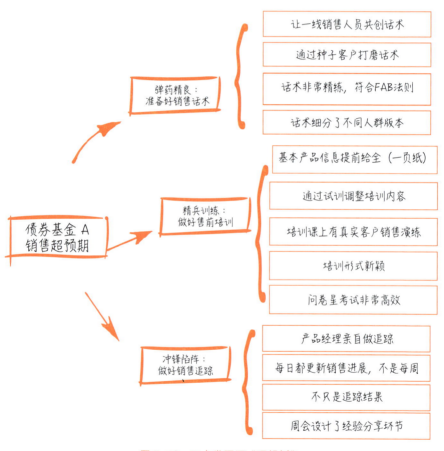

图7-19 三大类原因"逻辑树"

为每个原因大类打个比方，是一个非常好的技巧，它可以让原因更加深入人心，让人记忆深刻。

- 在检查是不是有大类原因缺失的时候，王华带着团队一起探讨了一下，这次销售结果非常好，除了张琳的过程管理好，还有什么别的原因吗？尤其是外因，比如这个节点是不是客户上一期投资普遍到期的时间，客户有大量的现金，在寻找新的投资资产等。经过交流，大家普遍认为这些外因几乎可以忽略不计，其他同类产品销售并没有明显的起色，且其他城市的产品销售得很一般。

- 围绕这三大类原因，王华挨个检查有没有哪一项的细分原因值得深问。值得深问的原因，在王华看来，有两类特征：一是和别人特别不一样的行为或模式，背后的道理可能有价值；二是现在原因表述相对模糊的，深问可以使其变得更加清晰明白。

在每一大类原因里，她都找到了可以深问的原因：

- **在"弹药精良：准备好销售话术"里，**她觉得"让一线销售人员共创话术"是非常有必要问一下的，大多数产品经理是准备好话术直接给销售人员，于是她让张琳把这一条行为背后的思考多说一下。张琳认为，产品经理虽然都是专业能力很强的人，但是长期不在一线工作，部分销售经验已经不适用于市场，管理者要有意识地从前线汲取灵感，给下属更接地气的指导。而且，张琳认为只有重视销售人员的宝贵经验，才能真正激发他们的工作主动性，而不是让他们保持被推动的角色。

这个行为背后的思考让大家有了新的收获，大家进而发现，张琳的其他很多好方法的背后都有这样的考量——通过更好地让一线人员参与销售管理过程，既能激发动机，又能提高能力。

于是，围绕这个主题，大家愉快地交流了各自的想法和心得。王华还让其中的一个产品经理负责围绕这个原因，整理大家的做法，会后发给大家。

- **在"精兵训练：做好售前培训"里，** 王华觉得有两个可以深问的原因，一个是"真实客户销售演练"，这种课堂上直接给真实客户打电话的方式虽然很锻炼学员，但是也有很多的风险，于是她让大家把自己能想到的所有风险都提问给张琳，看看她如何应答。另一个是"培训形式新颖"，针对这个问题，王华觉得太笼统。以她对这些产品经理的了解，每个人都有自己固定的产品培训模式，想要驱动他们改变是非常有挑战性的，于是她计划再找个时间让张琳给大家上一次示范课，让这些产品经理亲自体验一下，总结都有哪些技巧可以用在自己的课堂上。

- **在"冲锋陷阵：做好销售追踪"里，** 王华觉得"不只是追踪结果"是非常关键的原因，她让张琳把这个话题打开，进一步分享"以一个营业网点为例，她都追踪了哪些指标"。张琳不仅仅追踪了结果（每天都有多少客户认购这个产品），更多的是追踪了每个销售人员每天平均给客户发了多少条微信信息，多少客户有反馈，产出了多少意向等。基于这些过程中的数据，张琳会更好地诊断这个营业网点的问题，给出一些针对性的建议和策略。

把这些问题都问明白后，王华觉得可以进入"总结经验"这个阶段了。

在分析原因阶段，王华很好地扮演了"**引导者**"的角色。她组织大家研讨，让每个人都有机会分享；在原因大类形成后，运用贴切的比方让大家印象深刻。更重要的是，她能够在每个大类原因里找到值得去深挖的原因，基于自己的业务洞察和管理经验，让张琳把更多背后的原因说得更加清楚，我们认为这就是一个管理者在进行复盘的时候，应该发挥的关键价值和作用。

这个案例是对一个成功销售过程的复盘，更多的是去找成功的关键因素。这些因素可以复用，用以指导下一个销售过程。更多的时候，管理者会分析一个销售不达标的过程。在寻找销售不达标的原因时，团队容易有两个误区。

- **把失败归为外因**。销售不达标其实非常容易找到外因，比如市场环境恶化、客户突然改变了预算、竞品恶意降价等。所以在分析的时候，管理者引导大家把原因"向内引"非常重要（具体参见"分析原因"一章的内容）。

- **把失败归为一线销售人员销售能力不足或动机不强**。很多人容易把相当多失败的销售过程归因成"销售人员的动力不够""销售人员的自信心不够强""销售人员的专业能力弱""销售人员的客户洞察能力弱""销售人员的客情基础差"等。这些原因都不应该是分析的终点，因为找不到对应的可解决方案。

在分析的时候，一方面需要反思是不是要在管理层面给予销售人员更多的支持，另一方面，还可以对比好的实践（例如，如果洞察能力强，应该洞察到哪些内容，有哪些好的提问等），来拆解到底是哪些"行为"没有做到，找到没有做到的行为，后面才能对应找到可改进的行为。

🔍 总结经验

终于到了复盘的最后一个阶段，王华觉得在复盘过程中，已经找到了很多产品经理在推动销售的各个环节中做得好的关键点，因此她委派一名产品经理把这些关键点加以梳理，并输出一个包含着最佳实践的标准操作程序（SOP）。

她想把会议最后的时间用在让每个产品经理总结自己的感悟和心得上，她觉得产品经理每天都在忙着推动销售达成指标，很多方法和经验一点拨就能明白，她并不担心这些人不会落地；她觉得让这些人发自内心地认可张琳这些工作的价值、真正认知到自己的短板是更重要的，因此她决定采用"个人成长总结"这个小工具。

她让每个人都参考 PIE 框架（具体参见"总结经验"一章的内容），先思考自己的答案，然后在团队面前分享。为了更多地激发大家自我反思的意识，王华自己先来分享：

最大的一个收获：王华收获最大的一点是张琳团队如何把最佳的话术打磨出来，既从客户身上提取了典型异议，又充分调动了销售的经验来解决这些问题。

过去正确的一项：王华认为自己过去做销售经理的时候，也是每日都追踪销售进展，而不是每周，这一点和张琳完全一致。

想尝试的一项：王华打算梳理一下自己在过往很多管理工作中不细致的问题，想着像张琳一样找到可以改进的细节。

在王华的带动下，每个产品经理都很真诚地分享了自己的 PIE 框架，复盘会议就结束了。

案例小结

最后，让我们快速总结一下，在"业绩复盘"的案例中所使用的复盘工具。

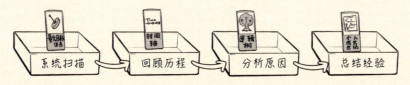

我们认为这套组合适合大部分的业绩复盘场景。在进行复盘的时候，不同的阶段需要注意以下几点：

- 业绩通常都有非常明确的目标和指标体系，因此运用"量化目标体系"进行扫描、找问题非常清晰，可以在复盘会议前就完成，往往需要管理者在前期做好数据统计和准备。目标体系越细，找到的问题就越细。

- 在回顾历程阶段，往往会进入某个个人的经历回顾中，因为从周期来看，业绩指标大多落实到个人的头上，每个人都需要去完成自己的任务。当然，有些大型的销售类项目，例如一次大型项目招投标的复盘，也和销售相关，且由团队协同完成，那么在回顾历程阶段，就不只是个人回顾了。

- 在分析原因阶段，注意把外部原因转化成内部原因，通过有效的提问和深挖，避免原因分析仅仅停留在能力缺失上。

- 在总结经验阶段，可以基于讨论的结果提取有效的销售或销售管理的流程与关键行为。

决策复盘

公司里不同层面的战略、策略、决策复盘也是一个非常常见的复盘场景。其实我们每个人无时无刻不在做着各种决策，有些决策无关痛痒，有些决策则会带来重大的收益或损失。

战略、策略与决策通常反映着业务人员对市场、客户、行业、竞品等的洞察与理解，往往具备隐蔽性（我们不能很清晰地觉察我们的决策过程）。

接下来，我们想为大家介绍一个典型的产品决策的复盘，分享可以帮我们解决这类复盘问题的工具。

◎ 复盘的背景与目标

珊妮（Sunny）是一家眼镜公司的品牌主理人。几年前，她创立了公司旗下一条新的品牌线，就像照顾自己的小宝宝一样，为之付出了非常多的心血。她创立的这个眼镜品牌主打把东方的文化底蕴与西方的市场潮流相融合，基于原创的设计和匠心工艺在市场上取得了很好的口碑。

他们每一季度都会推出一些新品，Sunny 和设计师小 A 负责做好消费者的洞察，结合品牌的调性，去原创产品、做好样品，然后在公司内部的推介会里，由销售人员推荐给各个区域的买手和店长。这些买手和店长会基于自己的判断来订货，并在门店销售。

Sunny 和小 A 的合作时间比较长，两个人会密切关注市场上的各种动态，凭着对消费者的了解，两个人一起创造了很多爆品。

这家眼镜公司里高中低端的产品都有，Sunny 负责的品牌产品价格中等，大多数在 800~1200 元。去年年初，Sunny 从商业整体考虑，认为应该开发一些入门级的新系列产品，价格定在 799 元，主要是想培育一些更年轻的新用户。另外，从总公司各个品牌的统计数据来看，500~800 元价格段的产品销量是最高的，用户基础也是最大的，因此 Sunny 和小 A 决定开发一款新产品。

很快小 A 就拿出了方案，这款眼镜的设计比较夸张，用色非常大胆，Sunny 有些担忧消费者不买账，不过小 A 对这个设计非常有信心，她认为自己已经在她的圈内渠道中做了了解，这样的设计在市场上非常吃香，于是 Sunny 就同意了。

很快，她们做出了样品，与几个门店的销售经理沟通后，就下订单给工厂生产了大概 6000 副。不过这次她们遇到了滑铁卢，在将近一年的时间里，这款产品出现了滞销，仅卖出了 1/3，降价销售也未能有起色。很明显，这次的产品决策出现了大问题。

Sunny 和小 A 决定启动一次复盘，看看能从这次经历里找到什么有价值的教训。在 Sunny 看来，她们是一定要打入这个价格段的市场的，希望复盘的经验能为下一次的产品设计和决策带来洞察和输入。

战略类、选择类、决策类复盘挑战性相对大，因为很多决策都是在小范围内发生的，过程中偶发因素多，很多选择看起来是灵光一现，但其实是长期隐性经验和洞察积累的结果。战略与决策也涉及落地执行的过程，很有可能选择无比正确，但是执行出现了偏差。因此，战略类、决策类复盘往往有三类可能的产出。

- **确定决策的前提和假设是不是对的。**其实决策是不是对的在复盘前就已经知道了，决策落地后经过现实的验证，正确与否马上就有了结果。无论决策正确与否，复盘更多的是找到决策假设和依据是什么，也就是为什么会制定这样的决策。这些前提和假设就是制定决策的人的业务洞察，如果洞察出现了偏差，要及时调整，否则还会有更多的错误决策出现。

- **确定决策的过程是不是合理的。**这类复盘经常容易发现的问题是，决策过于随意，没有团队的参与和共识，或者决策忽略了某些关键的环节和步骤等。复盘的诉求在于找到合理的决策流程和机制，未来能让不合理的决策在过程中就被排除掉。

在 Sunny 的这个案例里，Sunny 在启动复盘时明确地提出，她觉得这个设计过程就只有她和设计师两个人一直在坚持，其他人并没有共鸣，同事们都认为她们两个说了算，没有提供意见。她发现在很多决策上都没有达到团队内部都觉得好的状态，她想通过复盘找到让团队能更好地共同决策、达成共识的方法。

- **确定决策的执行有没有问题。**最后一类产出是优化决策的执行过程。这类产出和我们前面介绍的各种复盘的产出没有什么太大区别。

系统扫描

Sunny 在这次复盘中，邀请了小 A，还邀请了跟单的同事和两名店长。

跟单的同事主要负责追踪商品在门店的销售，做数据分析，找到问题并解决问题；店长则是各个零售终端的核心销售人员。这些人对消费者以及这次产品消费者反馈的情况比较了解，可以对这次产品失败的复盘提供一些有价值的建议。

在大家都到齐后，Sunny 介绍了会议的主要目标和复盘的边界。这次的新品尝试，涉及了两个比较重要的决策：第一个是决定进入 799 元的入门级价格赛道，第二个是围绕这个目标，设计出什么样的产品来实现它。Sunny 认为当下的阶段还不是验证复盘第一个决策是不是正确的时候，仅仅做了一个产品不成功，并不能就否认应该进入这个赛道的决策。她从品牌的长远发展来看，还是坚信一定要进入中低端的价格段，所以不需要怀疑这个更大的决策是不是有问题。

同时，Sunny 也不想把复盘聚焦在寻找销售过程中的问题上，她手上有这个产品的各种销售数据，与其他产品项目相比，团队在这个产品上的营销资源投入和销售管理更加费心，基于这个判断，她认为这个产品目前销售结果不好，就是产品的设计有问题，她想把客户洞察和产品设计作为这次复盘的主要方向。

Sunny 曾经主导了不少新产品设计开发的项目，因此在会议前，她先用"多维度标准"的工具梳理了一个衡量新品上市的标准（表 7-12 的左侧两列），并依托此标准，全面反思了这个产品的问题点到底在哪里。在会议上，团队成员围绕每个维度分别给了一些评价和反馈（表 7-12 的最右侧一列）。

表 7-12 新品上市的标准

评价维度	评价标准	本次新品项目取得的结果
产品定位	产品的大部分购买者是本产品的目标消费群体	基本达成（卖出去的产品大部分被年轻人买走了）
	与同价格段的产品相比，有明显的差异化优势（性能或价格等），且该优势被消费者认可	与同价格段的产品相比，有差异，造型更加夸张，这个价值点没有被消费者认可
产品设计水平	门店订货量不低于公司平均水平	不达标
	产品周转率（卖出的速度）不低于公司的平均水平	不达标
	门店员工评价反馈正向	不达标
产品成本	产品毛利率不低于公司的最低要求	达标
产品质量	产品返修率不低于公司的平均水平	达标

经过这么一分析，产品的主要问题基本就集中在了定位和设计上。Sunny 决定将问题界定为"产品设计并不符合消费者需求"。

决策类项目复盘的系统扫描阶段大多采用"多维度标准"或"阶段状态"工具。如果要判断一个决策的质量可以有几个分析维度，那么可以在复盘前梳理清楚这些维度和标准，看看到底是决策的哪个维度达不到预期；或者可以把决策的过程分成几个大的阶段，先相对粗略地扫描，看哪个阶段的问题更大一些。

另一种比较常见的情况就是，大家对决策质量满不满意非常清楚，不需要更加细分地寻找问题，可以直接进入决策过程的详细回顾。

🔍 回顾历程

围绕"产品设计并不符合消费者需求"这个问题，Sunny 决定采用"推理阶梯"这个小工具来复原当时这个设计出炉的过程。这个设计过程是典型的隐形思考过程，而且 Sunny 回忆自己当时就觉得这种夸张的设计比较冒险，内心有隐隐的担忧，但最后还是决定采用这个设计了。

分析这次设计决策出炉的过程，能让 Sunny 和小 A 纠正一些可能有的对消费者、对设计的认知偏差，也能让她们反思决策流程中的合理性是不是足够，如何在未来设计出更多的爆款。

于是 Sunny 先用推理阶梯，把这些问题向大家解释了一遍（见图 7-20），

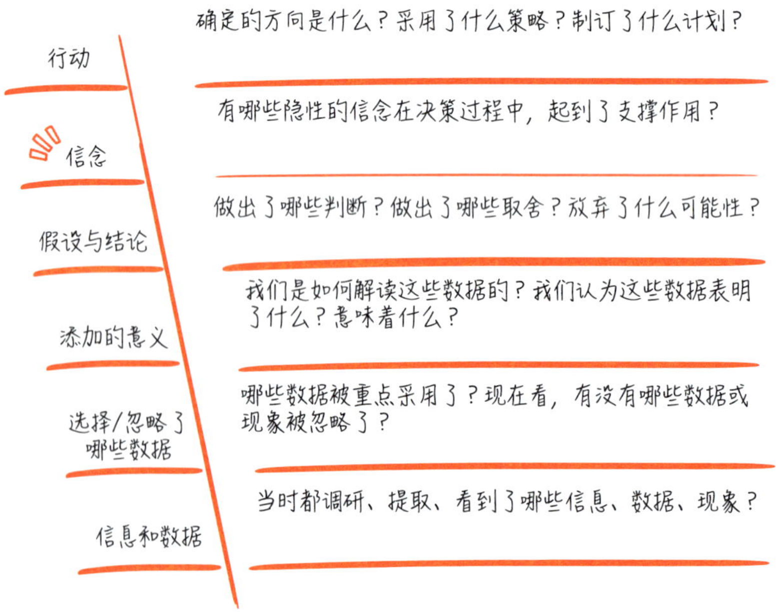

行动	确定的方向是什么？采用了什么策略？制订了什么计划？
信念	有哪些隐性的信念在决策过程中，起到了支撑作用？
假设与结论	做出了哪些判断？做出了哪些取舍？放弃了什么可能性？
添加的意义	我们是如何解读这些数据的？我们认为这些数据表明了什么？意味着什么？
选择/忽略了哪些数据	哪些数据被重点采用了？现在看，有没有哪些数据或现象被忽略了？
信息和数据	当时都调研、提取、看到了哪些信息、数据、现象？

图 7-20　推理阶梯的问题清单

然后就带领大家分别从不同的视角来分享信息，一起把这个决策过程中大家想到的方方面面的点都复原出来。在这个阶段，两名店长并不能贡献太多信息，因为他们并没有参与这个设计的过程，主要的信息输入就来自 Sunny 和小 A。

Sunny 和小 A 两个人分别分享了一下自己当时的心路历程。在分享的过程中，Sunny 把听到的信息分门别类地录入了上面的清单里。在一开始分享的时候，人们特别容易分享出来的想法是最底层的"信息和数据"以及上层的"信念"。

比如，Sunny 会这样分享："在最开始思考这个产品的时候，我就觉得这个产品一定要和原有的产品有区隔，不能挤占原有产品的市场空间。"这其实就是一条她持有的信念，这个信念可能会影响她在外面选择什么信息，做出什么判断。

小 A 会这样分享："我走访了一些眼镜工厂，主要看看它们的出货量，我觉得出货量大的产品应该在市场上比较受欢迎，然后重点看了那些产品的颜色、材质和款式，我觉得有很多款式都很潮，年轻人肯定喜欢。"在这些话里，既有她提取的数据和信息，也有她秉持的一些信念或理念。

然而，推理阶梯的其他层次问题，是很难在分享中直接找到答案的，需要刻意去发掘。

- 围绕"选择 / 忽略了哪些数据"层，Sunny 问道："我们当时从这些信息源获取了信息，那么现在看，有没有哪些信息当时我们忽略了呢？"

提出这个问题后，两个人很快就能回答出来："公司里有非常多的过往畅销款、滞销款的数据统计，在这个价格段，哪些产品好卖、哪些产品不好卖非常容易调取出来，但是我们完全没有去做这样的分析。"

而且，当她们静下心来思考这个问题的时候，发现了很多当时被她们忽略的信息，比如"验证的时候仅找了总部员工和同是眼镜设计师的朋友，忽略了找更广泛的群体做验证"，又比如"当时有店长看了样品后，反映过自己只愿意进一点货试着卖一下，而这个信息完全没被重视起来"。

- 围绕"添加的意义"层，Sunny 和小 A 可以盯着最底层的数据，回忆当时她们基于这些数据都做了哪些判断。具体的句式应该就是"我当时看到了……""我认为 / 觉得应该是……"。比如 Sunny 在设计过程中翻看了小红书、B 站上很多时尚博主的内容，她看了这些信息后，得出的结论就是年轻人很喜欢潮、时尚、夸张的单品。
- 围绕"假设与结论"层以及"行动"层，Sunny 简单地描述了一下她们最终得出的结论。

在把每个层次的信息梳理完毕后，基于"推理阶梯"形成的决策历程复原就填写完毕了。我们把它用表格的形式整理如下（见表 7-13）：

表 7-13　决策历程复原

决策过程	某系列产品设计不符合消费者需求
行动	**我们确定的方向是什么？采用了什么策略？制订了什么计划？** 选择设计夸张、颜色鲜艳、仅保留一点中国元素的款式

（续表）

决策过程	某系列产品设计不符合消费者需求
信念	**有哪些隐性的信念在决策过程中起到了支撑作用?** • 信念 1: 新出的产品一定要和原有的产品有足够的区隔, 不能"自己打自己"。原来的款式都比较传统, 所以这次的新品一定不能太传统 (这个想法也让 Sunny 觉得没必要去参考集团的数据, 没必要去分析集团的畅销款有什么元素, 不要听公司其他人的意见, 因为他们都太传统了, 太保守了, 他们不了解大部分年轻人的想法) • 信念 2: 工厂出货量大的商品在市场上一定是受欢迎的 • 信念 3: 推出的新品应该是引领潮流的、超前的, 如果有人不喜欢, 没关系, 可以引领出这样的潮流和喜好
假设与结论	**做出了哪些判断? 做出了哪些取舍? 放弃了什么可能性?** 综合各个渠道的信息, 我们的结论是: 市场, 即年轻人群体喜欢造型比较夸张、比较潮, 颜色鲜艳的款式, 这款眼镜一定会好卖
添加的意义	**我们是如何解读这些数据的? 我们认为这些数据表明了什么? 意味着什么?** • 基于在行业里 (门店和工厂) 收集到的信息, 我们认为现在流行一些比较夸张的款式 • 对于某门店的犹豫, 我们认为这仅是个例, 可能和这个门店的特点有关系, 其他门店会不一样。 • 在 B 站上看到某时尚博主的视频内容后, 我们充分相信其内容, 且分析认为其呈现的内容都是更前卫的, 进而得出结论, 年轻人一定喜欢前卫的产品 • 根据在"形象管理课"上听到的信息, 我们得出的结论是, 人们应该选择一个"令人印象深刻的眼镜", 而不是"适合自己脸型的眼镜"
选择/忽略了哪些数据	**哪些数据被重点采用了? 现在看, 有没有哪些数据或现象被忽略了?** • 没参考总部过往积累的销售统计数据 • 没有做更多目标人群的调研, 沟通过的总部员工、眼镜设计师和广告公司的朋友都不是特别典型的目标受众 • 没有重视某店长提出的"门店没卖过这种产品, 只能先进一小批试一下, 我们店可能不太适合"这样的观点

（续表）

决策过程	某系列产品设计不符合消费者需求
信息和数据	**当时都调研、提取、看到了哪些信息、数据、现象？** • 小A调研了眼镜加工厂，了解到金属框中浅颜色的比较好卖 • 小A关注了市场上流行的款式，与自己的设计师朋友进行了关于款式的交流 • Sunny找了总部的员工试戴新品，感觉比较好看 • Sunny注意到了自媒体平台（如小红书、B站）上其他设计师的品牌款式 • Sunny和小A当时在上"形象管理课"，这个课程鼓励人们更加显露自己的特点 • Sunny和小A找身边的朋友做了基础调研，不过这些人大多是广告公司的朋友 • Sunny和小A询问了部分买手（五六个），收集到的反馈是可以试一下

"推理阶梯"是进行战略、策略或决策类复盘的一个特别重要的工具，它能让隐性的思考和一些无意识的决策前提暴露出来，很多管理者非常喜欢它。但是使用这个小工具，尤其是带着几个人的小群体（假设是几个人一起参与了决策）来回顾的时候，会觉得比较有挑战性，不清楚大家说出来的信息到底应该分属于哪个层次。因此，在复盘会议上使用这个小工具有两个小建议。

• **先不用拘泥于一定要从底层一层层地复原，这会让回顾变得很难。** 人的思考稍纵即逝，很多假设一闪而过，因此在最开始的时候，可以让每个人先畅所欲言，回顾一下自己当时是怎么想的，怎样一步步地做出决策。然后尝试对每个人的发言做一下分层，哪些属于他观察到的信息和事实，哪些属于他对信息做了解读，哪些反映了他的信念等。

- **这些层次的信息里，"选择 / 忽略了哪些数据"是需要单独问的。**更重要的是忽略了什么信息，这个部分在回顾中往往听不到，它是站在反思的角度去回想**当时**还应该看什么、找什么、比对什么等。而从这些被忽略的信息中，往往能分析出有什么假设在支撑我们（即为什么会忽略一些信息）。

总之，使用"推理阶梯"是一个有挑战性的过程，但是一旦回顾完毕，后面的分析原因阶段就有了非常好的输入，很多原因几乎呼之欲出。

🔍 分析原因

Sunny 现在要带着团队一起进入分析原因阶段了。回看"推理阶梯"，很多原因已经非常明显，但是她却有点苦恼如何能更加结构化地梳理这些原因。之所以想要更加结构化地把原因做梳理、做表达，是因为它有助于在后面找到有价值的解法。

我给了 Sunny 一个小建议：在进行"决策"问题的原因分析的时候，可以参考一个相对合理的架构——信息输入与决策流程。一个决策基本就是由这两部分构成的，我们输入了什么信息，以及我们用什么方式、机制和流程加工了这些信息，形成了有价值的结论（见图 7–21）。打个比方，信息输入就像一块口香糖，决策流程就像"咀嚼"口香糖，二者缺一不可，合在一起就能够带来甜美的口感（决策）。一个决策出现了问题，要么是输入的信息有缺陷，要么就是决策流程不合理。

图 7-21 决策架构

Sunny 决定先采用这样的结构把原因分成两个大类，然后带着团队一起讨论在每个大类下，团队都犯了哪些错误。

首先，思考"信息输入"这个部分。在 Sunny 的这个案例里，主要指的是 Sunny 及团队有哪些关于消费者和设计开发产品的错误认知被带入了、有哪些现在看来不合理的假设或理念。这个部分，Sunny 团队找到了以下几个错误的认知。

- **新品就是要完全区隔于其脱胎的产品风格。** 在这个案例里，Sunny 觉得最大的一个误区就是自己非常执着于"区隔"，认为区隔就是完全不一样。这个执着的信念影响了她在过程中的很多判断。
- **给年轻人做的新品要超前、要潮，年轻人需要"让人印象深刻"而不是"适合自己"。** 这个判断有外部输入的影响（形象管理课程），也有团队对年轻人的刻板印象的影响。

其次，思考"决策流程"这个部分。通常一个决策设计需要经历信息收集、消费者调研、团队共创、市场验证等各个环节。这次这个项目的决策流程做得不完备，但是也都有这些环节，因此她让人家参考标准的决策流程，来比对一下这次哪里没有做到位。团队很快就列出了几个造成问题的原因：

- 忽略了公司现有数据；

- 调研的人群太过狭窄，沟通和寻求反馈的人群根本不具备代表性；

- 信息收集与验证未充分与买手、门店店长及店员做充分的沟通和交流；

- 过于信赖小红书/B站时尚博主的内容；

- 过于信赖工厂数据；

- Sunny 未把自己的担忧反馈给设计师。

经过这样的分析后，Sunny 通过总结归纳，得到了一个分析的"逻辑树"。她把这个"逻辑树"摆在了团队的面前（见图 7-22）。

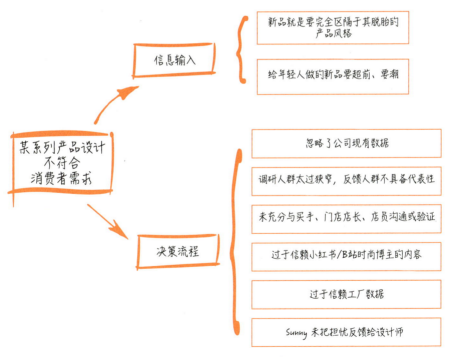

图 7-22 分析的"逻辑树"

在梳理好"逻辑树"后，还需要提示自己，每个原因是不是还值得去问问"为什么"。有意思的是，这些决策过程中的"原因"，往往与前面的错误认知相辅相成。例如为什么忽略现有的数据，其实和前面的"新品就是要有区隔"认知有强关联。因此检查之后，Sunny 认为有两个原因值得深度挖掘一下。

- 调研人群太过狭窄。除了盲目自信，Sunny 和小 A 都觉得"消费者调研"这个任务一直是她们两个的短板。消费者这个范畴太过广泛，她们并不清楚该如何做好这个调研，因此，缺少科学的调研方法是背后的原因。这个时候，她们又想到，公司还有很多其他品牌，这些品牌的负责人现在都是怎么调研的，自己也从来没有想过去了解一下。
- Sunny 未把担忧反馈给设计师。这个原因是 Sunny 自己填上去的。Sunny 分享道，在以前的产品设计里，她自己会起到一个"平衡器"的作用。设计师把几个设计原型拿过来，她会基于自己的判断，选择其中的几款。而且 Sunny 认为自己一直是"保守型"的产品经理，选择的都是相对安全的样式。这次之所以没有提出自己的担忧，除了自己也觉得要"突破"、要"前卫"，她也担心自己过多干预设计，会影响设计师的发挥，后面更深层次的原因是自己不知道该如何把握与设计师合作的度。

让我们把上面两个原因深挖填写上去，"逻辑树"就基本完成了（见图 7-23）。如果有其他品牌团队的产品经理和设计师也在场的话，可以就这两个深挖的原因提供一些自己的对比做法，那么原因分析就可以进一步落实到是哪些关键行为或做法缺失了。

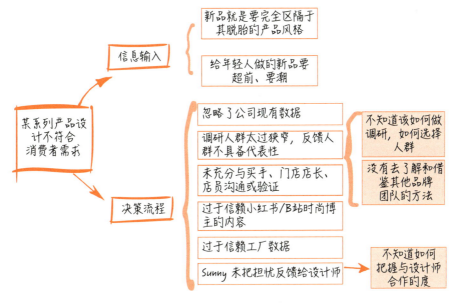

图 7-23 深挖"逻辑树"

Sunny 的原因分析完成了。我们从这个小例子里可以借鉴的最关键的经验就是，做战略、策略或决策复盘时，可以采用"信息输入"和"决策流程"这两个维度作为逻辑树的第一层框架来梳理原因。虽然"信息输入"和"决策流程"可能相辅相成、互相影响，但是在分析原因的时候还是尽量把卷在一起的描述拆分开，为后面总结经验打下基础。

总结经验

终于到了复盘的最后一个阶段，Sunny 要带着团队一起讨论下一次再进行这种新品设计的时候该如何决策。在这个阶段之前，Sunny 再次强调了自己想进入中低价位段的这个决策，她说："我们的第一次尝试并不成功，这种失败的代价还是很大的，大家现在都嚷着要放弃这条产品线，门店也对我们能做成这样的产品不再有信心。但是我认为，从长远角度看，满足这个商业目标的爆品是我们必须做的，否则我们就自动退出了公司最大的一类用户市场，这是非常可惜的。因此接下来可以基于我们找到的理由，探讨下一个产品要如何设计，如何发挥团队的价值，做出受年轻消费者喜欢的爆品。"

Sunny 决定基于"经验问题清单"来推导用来进行经验总结的问题，她尤其想关注"员工工作方法层面"（具体可以参见"总结经验"一章）。从中她一共归纳了三个关键的问题：

- 新品应该如何区隔于它脱胎的产品序列？
- 面向年轻人的新品需要满足什么需求？年轻人真正的关注点是什么？
- 未来，在一个产品从理念形成到真正生产下单的过程中，内部团队可以如何沟通、如何协调来确保决策是合理的？

至于如何做好消费者调研，Sunny 先自己领了一个任务：去别的品牌团队取经，了解一下他们现有的流程和方法，再来跟团队交流。对于上述的三个关键的问题，她请大家分成三个小组，进行讨论并汇报。在大家汇报的时候，Sunny 在每个问题下都听到了一些有价值的建议。

- 在"新品区隔"这个问题上，团队的新共识是需要区隔的不完全是"产品"，更应该是"概念"。可以设计新的副牌产品，与原品牌产品既有区隔又有关联，使"大家看起来像一家人"；而且应该先做好前置的概念营销，再聚焦产品的设计和销售。
- 在"年轻人需要的新品"这个问题上，来自门店的几个人贡献了非常有价值的看法。在他们看来，夸张的眼镜一定不会是长期佩戴的选择，它更符合的是凹造型的特定场景的需要，因此年轻人不太会为了夸张新潮的造型付 799 元的费用，最多也就付 200 元。如果选择 799 元的价格，应该提供好看、适配，能长期佩戴，且糅合了年轻人关注的热点话题元素的产品。

- 在"内部合作"这个问题上，大家一起梳理了未来不同角色的价值、作用和关键意见反馈的节点，大大加强了买手和店长的话语权。小 A 认为自己未来沟通的时候，也要保持清醒，主动多接触一些非设计圈的朋友来验证。

3 小时过去了，Sunny 把这次复盘的全过程研讨白板纸都照了相，告诉大家她要回去整理一下全部信息，之后分享给大家。她自己也会拿着整理好的文档去和她的上级沟通一下，看看是不是还能带回更有价值的反馈。

在"总结经验"这个阶段，Sunny 的目的非常明确，她也采用了一种相对简单的方式来梳理经验，即依托原因分析找到的主要问题，挨个去寻求解法。

案例小结

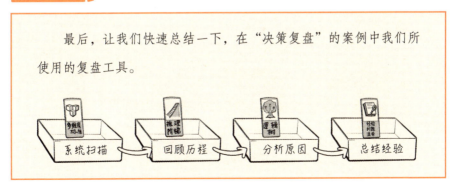

最后，让我们快速总结一下，在"决策复盘"的案例中我们所使用的复盘工具。

系统扫描　回顾历程　分析原因　总结经验

我们认为这套组合适合大部分的决策复盘场景。在进行复盘的时候，不同的阶段需要注意以下几点。

- 在系统扫描阶段，通常是复盘项目的发起者在复盘会议前梳理出判断的标准，并在会议上带领团队成员逐条分析是否达到预期。

- 在回顾历程阶段，"推理阶梯"是最常见的工具，它非常结构化地显示了人们的思考和决策过程，尤其是在分析的过程中，它会补足被忽略的信息、不自知的隐性信念等。这些信息的浮现本身对于复盘团队就有价值和意义。

- 在分析原因阶段，一个可参考的原因分类的框架是"信息输入"和"决策流程"。分别找找不同的方向上都有哪些错误的认知或行为。

- 在总结经验阶段，最常用的是"经验问题清单"，可以用它梳理出下一次决策的更合理流程。

第八章

复盘与团队

领导力是复盘的基础，也是复盘的一大成果

Structured
Retrospective

Building a Results-Driven
Evolutionary Team

在学习完复盘会议的流程、看了几个不同的案例后，很多管理者可能跃跃欲试，想在自己的团队里执行一次复盘。不过我需要提示的是，**第一次复盘会，可能通常达不到自己的预期**，这是很正常的。

一方面，复盘这种工具的一个内在特点就是需要反复使用才会产生威力。第一次复盘输出的结果可以为第二次复盘打下良好的基础。随着对同一类型的问题复盘次数的增多，管理者能更精准地定义问题，更全面深入地分析原因，解决方案也在一次又一次地被复盘。因此，只开启一次复盘就能获得很大的成果不太现实，要有充足的耐心。

另一方面，组织复盘会议是一个综合的能力表现，并不是了解了复盘的流程和工具就一定能做好。流程和工具只解决了最表面的问题，还有更底层的能力要求需要了解。

因此，在这一章中，我们想归纳总结一下，一个管理者的复盘能力都是由什么组成的。我们希望，即使第一次复盘没有获得预想的结果，大家也不要气馁，而要持续在团队里推行复盘。随着复盘次数的增多，管理者的底层能力也在不断提升，终有一天，可以借助复盘会议提升自己、改善业务结果，达到自己与团队的双赢。

在这一章的最后一个部分，我们还想与每个组织的人力资源团队分享一下，如果要协助业务管理者们提升复盘能力、在组织里构建复盘文化，可以如何做。

如何提升管理者的复盘能力

我想用一张房子图来表达我对管理者复盘能力的理解（见图8-1）：

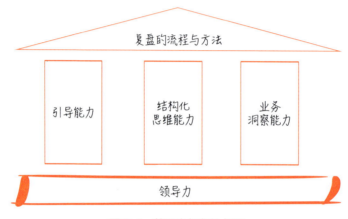

图 8-1　管理者复盘能力图

最底层是管理者的领导力，它是一个基础，是营造坦诚、开放、自省的复盘会议氛围的最关键要素，是每个管理者都需要一直修炼的能力；在领导力之上，需要三项核心能力来确保复盘会议能达到预期结果：引导能力、结构化思维能力和业务洞察能力。这三项能力让复盘会议按计划执行，每个人都能发表意见，每个阶段都能进行深入的探讨，产出有价值的内容；最后，这些能力都统合与体现在最上层的"复盘的流程与方法"里。

复盘的流程与方法我们在前面介绍过了，能否用出效果、能否带来结果，与以下四个能力有密切的相关性。

⊙ 引导能力

引导能力，英文为 facilitation，是"让事情变简单"的能力。如何让事情变得简单？那就是消除人与人之间沟通的障碍，让团队的交流更顺畅、更深入、更全面。如果说复盘会议中讨论各种业务问题，更多的是"讨论的事情本身"的层面，那么引导能力就是在提醒管理者"讨论事情的流程"是不是合理有效的。

引导能力既体现在复盘会议前对会议的设计与设置上，也体现在会议开始后的现场管理上。我们在第六章"设计与实施复盘会议"中详细介绍了引导技巧的应用。

其实引导能力不仅体现在复盘会议上，很多其他类型的管理会议，比如规划会、总结会等都应该是"引导式"，而不是"宣贯式"的。引导式的会议能更好地激发参会员工的责任心和主动性，让他们的声音被听见，让更多的人参与讨论与决策，让参与者不只是决策的承接者。

这项引导能力是需要刻意习得的，在引导技术（有的时候，也叫促动技术）这个领域，有非常多成熟的工具、流程和方法，以及成熟课程和认证。管理者如果掌握了这项能力，就像掌握了一个魔法棒，可以激发出团队的智慧和能量。

在有些复盘场景中，团队会采用"双引导"的方式，即专业的引导师专门负责引导，业务管理者专门负责深度参与研讨，给出有价值的观点。这是一个更有效地解决问题的好办法，但是团队的复盘场景非常多，不可能每次复盘会都有找一个专业引导师的"奢侈"，因此这项能力最好还是长在业务管理者自己身上。

结构化思维能力

结构化思维能力在复盘会议的引导中也非常关键。复盘会议本质上是带领团队定义问题、分析问题、解决问题，在这个过程中，管理者作为会议的组织者和引导者，能不能逻辑清晰地快速找到不同信息之间的关联，并且条分缕析地把大家的想法做好分类、做好命名、做好排列非常重要。

这项能力尤其体现在"分析原因"这个阶段里，体现在"逻辑树"这个工具的应用上。在这个阶段中，大家围绕问题七嘴八舌地贡献想法，每个人写出的原因在层次、颗粒度、描述的角度上都不一致。管理者需要能够迅速厘清大家提供的想法之间的关系，做好分类，并梳理清楚不同类别原因之间的关联。

在实际操作中，我们发现这项能力因人而异，有的管理者这项能力偏弱，导致对大家讨论出来的东西分不出类别或分类不合理，让原因分析的结果不太禁得起推敲，从而影响了复盘产出的质量。

某家电企业在复盘某次新产品出现的设计问题，团队找到了很多原因，其实这些原因分属在不同的设计和验证阶段，只要按照流程把原因分门别类整理好就可以了，不过团队的产品经理做了一个大的归类——"设计规范不全"。前面分析出的所有原因似乎都和这个大类有关，但是似乎又都不完全是规范的问题。这个模糊的归类让"逻辑树"难产，大家的分析也越来越底气不足。事后反思，这个大类的原因似乎反映了这个产品经理过往的固有认知，他经常用这样的原因描述来总结很多过往的产品问题。

复盘是把问题进行解构的过程，管理者需要尽量避免模糊的措辞，要运用结构化思维，把事情拆解得清清楚楚，才能识别关键点、找到解决问题的答案。

结构化思维能力在"总结经验"阶段也比较重要，这个阶段需要管理者有"抽象思维"，能跳出本次分析的项目本身，思考和讨论更广泛的"未来解决这类事情的建议"。

结构化思维能力不仅仅对复盘很关键，对自我成长和职场发展都非常重要。对这项能力进行刻意的训练非常有价值。每个管理者也都可以找到非常多的关于结构化思维训练的书和其他资源，在我看来，除了这些训练方法，多阅读一些经典的管理类书籍，尤其是自己专业领域里的一些书，对补足这个能力也很有价值。在阅读这些书的时候，寻找并梳理一些理论框架和模型，把它们作为自己未来分析问题的基础思路框架，可以很大程度上弥补自身结构化能力偏弱的缺点。

我们在"分析原因"一章里，曾经提到多积累成熟的框架来分析原因，这与扩大自身认知边界的观点是异曲同工的。积累成熟的框架不仅仅可以让分析更全面，还能让管理者归类原因更加轻松。

业务洞察能力

管理者对业务的理解和洞察，是能让复盘产生有价值结果的必不可少的要素。业务洞察能力在复盘会议中主要体现在以下三个方面。

- **界定哪些问题是重要问题、是当下最需要讨论的重点。**在"系统扫描"这个阶段，团队往往会找到一系列可以继续深挖的问题，哪个问题更关键，哪个问题更是卡点，哪个问题更独特，往往需要管理者凭着直觉做判断。管理者可能有能力区分出哪些问题严重，但是囿于客观环境的限制，讨论的价值和意义不大；哪些问题看起来很小，但是结果可能是出人意料的、完全不符合预期的，对这种问题的深究更能给团队带来新的启发。

- 在"分析原因"这个阶段，**业务洞察能力强的管理者是贡献高质量原因的主力**。举一个小例子，一个人的工作经验和业务能力的不同，会让原因分析呈现完全不一样的结果。我们假设一个培训团队在复盘一次培训项目的效果。团队发现的一个问题是"上课时，学员的注意力不是很集中，有人看手机"，大家需要分析这个问题背后的原因。一个工作经验只有一年的培训管理者，大概率会认为这个问题的原因是"学员的学习动机弱"；而一个工作了三年的培训管理者则可能会分析为"培训讲师缺少有效吸引学员注意力的方法"；另一个工作了七年的培训管理者可能会认为原因是"培训项目设计与业务需求关联弱"等。这种原因输出的差别，就是和分析原因的人本身的业务理解、业务洞察能力相关的。

- 在"总结经验"这个阶段，**业务洞察能力强的管理者也总能判断出哪些后续的解决方案更加合理、性价比更好、更值得做等**。

所以，如果一个复盘会议的引导者自己的业务能力还不足，那么即使复盘的流程都遵守了，复盘的工具也都使用了，可能还是没法得出有价值、有启发的结论。不过，即使业务洞察能力还不太足，也不意味着就不能复盘，因为复盘是提升业务洞察能力的最佳路径。因此，即使当下自己的业务洞察能力还比较弱，也一定要坚持用复盘的方法来精进自己。

领导力

领导力，被我们放在了最后，不过我们认为它是最重要的支持复盘的能力。领导力具有非常广泛的含义，在复盘会议中，我觉得有以下几项领导力行为的体现是非常关键的。

- **它体现在管理者做复盘的发心上。**

有的管理者把复盘当作让下属"认识到自己问题"的一个场景，虽然不见得一定会在后面惩罚，但也是带着"挑毛病"的心态看待下属的，一旦团队成员表现出一些不符合预期的行为，管理者就马上验证了自己的看法，认为下属不上进、不自省、不愿意进步等。

我们希望管理者把复盘当作"可以更好地帮助下属成长"的一个场景。在下属出现问题的时候，比如下属分析原因不深入、下属在为自己辩解、下属不愿意承担更多的工作等，我们希望管理者能更多地从"这个行为反映了下属的什么动机，我有什么方法能让他越过这个问题或障碍，更好地发展自己的能力"的角度去思考与反馈。

我们的发心，会体现在复盘会议上我们的语言和行为中，下属也会很明显地感知到这一点，进而调整自己的行为。

当然，强调这一点，并不是不让管理者批评或淘汰那些不合格的下属，而是说在复盘启动时就带着"挑毛病"的心态开会的话，这种心态或认知会影响我们在复盘会议中的判断，也会让下属更敬而远之。管理者自己先端正心态，在复盘会议上秉持着开放的态度对待下属的看法，站在对方的角度思考，既不避讳地说出自己的观点，又能听进去下属的看法和观点，落脚在"我们如何一起做得更好"上，对复盘会议是更有益的。

- **它体现在管理者对人的关注上。**

这一点和前面的有点相似，但又不太一样。有些管理者在复盘的时候，并不见得是"挑毛病"，但是会完全忽略"人"的情感和影响，在乎"事情"、在乎"业务"、在乎"结果"、在乎"找到问题的答案和解决方案"，但是缺少去关注"人"的敏感度。

一个优秀的领导者，在我看来，情商比较高。他能敏锐地感知在沟通交流过程中，每个人的状态如何：这个下属好像有些害羞，她需要一些鼓励；那个下属有些过于强势，他发言后，其他人都不太敢提反对意见，我要如何善意地让他认识到这个问题并有所改进；这个话题好像对大家都有压力，我要如何缓解压力，如何引导大家正确看待接下来的讨论等。

我曾经和一家生产制造企业的高级管理者沟通复盘这个话题，他最大的苦恼就是手下的管理者们都太过于"事情导向"，对完成KPI、分析故障、解决问题非常执着，认为解决完这些就万事大吉了，从来也没想过这个过程中团队成员的感受与想法，结果导致整个公司的团队文化都相对偏硬，员工离职率居高不下。

- **它体现在管理者对自己的态度上。**

在复盘中，发挥领导力的另一个重要体现就是"以身作则"。管理者希望下属所具备的所有行为，自己都要先展现出来。如果希望大家都能比较坦诚地分享观点，而不惧怕会得罪人，那么管理者应该自己先把一些难于说出口的原因说出来；如果希望复盘的团队成员能够反求诸己，主动反思自己的问题，那么管理者应该自己先反思自己的问题，主动进行自我批评。

如果管理者觉得大家都表现得不好，在会议上发言不积极，都"事不关己高高挂起"，那么可以先反思一下，是不是自己展现给别人的样子就是如此。

在复盘会议上展现的团队文化，和日常工作中的团队文化是一脉相承的。复盘会议也是让团队构建更加开放、敢于当责文化的非常重要的抓手。

如何在组织里构建复盘文化

复盘会议，作为会议的一种，是管理者解决业务卡点问题、提高管理效率、改善团队文化、沉淀团队经验的一个非常重要的方法。因此很多公司，尤其是公司里的 HR 团队非常期待组织里能形成复盘文化，期待管理者们养成习惯，坚持复盘，不断实现自我成长。

要想实现这个目标，我有以下两个建议。

第一，HR 团队可以梳理一下组织里的典型复盘场景，尝试先去引导一些复盘工作坊，并根据自己的实践，为业务团队量身定做合适的复盘工具。

我们在这本书里，介绍了不同情况下可以使用的方法和工具，更多的还是从通用的角度介绍的，而每个组织的情况和诉求都不一样，梳理一下自己业务的管理者们最需要使用复盘方法的场景在哪里，并为他们提供马上就可使用的称手工具，是促进复盘发生的最好方式。

在一家大型互联网企业中，非常多的业务都涉及与一些外部 IP 方的合作，而与外部 IP 方合作是一个风险高、变化多、突发情况频出的场景。如果合作得好，获利就非常丰厚；而一旦出现问题，就会给公司造成非常大的损失。HR 团队详细了解了一些 IP 合作项目的过程，并与项目经理们深入沟通，围绕 IP 合作项目复盘这个场景，梳理好了四个阶段可以使用的工具。

- 在"系统扫描"阶段，HR 团队引导几位优秀的项目经理共同梳理了一个 IP 合作项目评价的标准，并把这个标准作为所有团队复盘自己的 IP 合作项目、找问题的标尺。

- 在"回顾历程"阶段，HR 团队认为"推理阶梯"这个工具特别合适，因此，根据"推理阶梯"把每一个决策层次可以问的问题转化成了一系列问题清单，让每个团队未来使用的时候更加方便，降低了大家对"推理阶梯"这个工具理解力的要求。

- 在"分析原因"阶段，HR 团队借助尝试性的复盘项目，沉淀了几种常见的原因"逻辑树"的分类方式，供大家参考。

- 在"总结经验"阶段，HR 团队参考"经验问题清单"，摘取最关键的问题，做好问题的调整，整理出了一个必问清单。

HR 团队还参考上面的各种工具，生成了一个 IP 复盘的模板，辅导大家在项目复盘完毕后对结论做好沉淀与梳理，将其放在公司的平台上，或者后续组织一些项目经理进行分享。这些都是非常好的素材。

定制化的复盘流程和工具最大限度降低了业务管理者进行复盘的难度。当大家有一个可参考的流程和方法，不用自己摸索的时候，复盘的动力也自然会提升。

第二，把管理者培养成可以在组织内讲解复盘方法的讲师，进而促进复盘文化的落地。要在团队中孕育出复盘文化，只靠 HR 的推动是远远不够的，最好能够发动管理者自身的力量，让他们感受到复盘的好处，能主动宣传复盘，就能让整个组织形成复盘的文化。

可问题是如何让管理者主动宣传呢？一个比较简单的方式是把他们变成复盘的讲师，为这些业务管理者准备一套成熟的复盘方法课件，并搭讲台让他们去讲课。

T 团队隶属于一家企业的中台部门，工作目标是提升前线团队的业务效率和业绩结果，因此 T 团队的项目经理经常要驱动与前线业务团队的合作，并且在前线出现问题的时候，成为复盘会议的主要发起者。这家公司的 HR 负责人赛琳（Celine）在 T 团队里挑选了几个人作为公司的复盘课程内训师，她每年都会在公司开几次内部的公开课，并邀请这几位内训师来授课。她发现这么做有几个好处：一是这些内训师为了能够把课程讲得更好，会在自己的团队里主动发起复盘，积累可以在课堂上讲授的案例；二是复盘课成了让 T 团队与前线业务团队就复盘的价值与方法达成共识的一个重要场合，让未来的复盘会议开得更加高效；更重要的是，T 团队的内训师们自己总是讲课，强调复盘的重要性，他们一定会发自内心地相信并身体力行。

Celine 为他们准备好复盘课程的课件，辅导他们讲课，并确保每年都开几次公开课，就轻松实现了自己想要达成的目标。

个体和团队的反思与成长是个永恒的主题，复盘会议是提升自己、鼓舞士气、发展团队能力的主要场景。管理者也好，人力资源从业者也好，都能通过复盘会议不断锻炼自己的思维能力、洞察能力和领导能力。希望这本书能给你开启复盘的勇气，协助你走上复盘之路，通过复盘找到更好的自己和更好的团队。